Camille Laurens

La petite danseuse
de quatorze ans

Gallimard

Agrégée de lettres modernes, Camille Laurens a enseigné en Normandie puis au Maroc où elle a passé douze ans. Elle vit maintenant à Paris. Elle a obtenu le prix Femina et le prix Renaudot des lycéens pour *Dans ces bras-là* (2000). Elle est traduite dans une trentaine de langues.

À la mémoire de Jean-Marc Roberts

Que l'artiste se rassure : l'œuvre incomprise aujourd'hui sera peut-être un jour dans un musée, regardée respectueusement comme la première formule d'un art nouveau.

Nina de Villard

Quelle singulière destinée que celle de ces pauvres petites filles, frêles créatures offertes en sacrifice au Minotaure parisien, ce monstre bien autrement redoutable que le Minotaure antique, et qui dévore chaque année les vierges par centaines sans que jamais aucun Thésée vienne à leur secours !

Théophile Gautier

Elle est célèbre dans le monde entier mais combien connaissent son nom ? On peut admirer sa silhouette à Washington, Paris, Londres, New York, Dresde ou Copenhague, mais où est sa tombe ? On ne sait que son âge, quatorze ans, et le travail qu'elle faisait, car c'était déjà un travail, à cet âge où nos enfants vont à l'école. Dans les années 1880, elle dansait comme petit rat à l'Opéra de Paris, et ce qui fait souvent rêver nos petites filles n'était pas un rêve pour elle, pas l'âge heureux de notre jeunesse. *L'Âge heureux* c'était le titre d'un feuilleton télévisé quand j'étais enfant, il montrait de jeunes élèves de l'Opéra qui faisaient des bêtises, elles grimpaient sur le toit du palais Garnier, je me souviens, on avait peur qu'il leur arrive malheur, qu'elles tombent ou qu'elles soient renvoyées, la discipline était impitoyable. Je ne sais plus comment ça finissait – bien, sûrement, avec un titre pareil. La petite danseuse de 1880, elle, a été renvoyée après quelques années de labeur, le directeur en a eu assez de ses absences à répétition, onze rien qu'au dernier trimestre. C'est qu'elle avait un autre métier, et même deux, parce que les quelques sous gagnés à l'Opéra ne suffisaient pas à la nourrir, elle ni sa famille. Elle était modèle, elle posait pour des peintres ou des sculpteurs. Parmi eux il y avait Edgar Degas. Savait-elle, quand elle posait dans son atelier, que grâce à lui elle mourrait moins que les autres petites filles ? Stupide question, comme si l'œuvre comptait plus que la vie. Ça lui aurait fait une belle jambe, c'est le cas de le dire, de savoir qu'un siècle après sa mort on tournerait encore autour d'elle dans les hautes salles des musées comme ces messieurs au foyer de l'Opéra, qu'on la considérerait de haut en bas et de bas en haut comme ses clients dans les bouges où elle vendait son corps sur ordre de sa mère – son corps frêle devenu bronze. Mais peut-être que si, après tout, peut-être qu'elle y pensait quelquefois, qui sait ? N'avait-elle pas entendu parler de *La Joconde*, mise à l'abri pendant la guerre contre la Prusse et réinstallée au Louvre après la défaite, que le Tout-Paris courait admirer et dont on diffusait déjà l'image grâce aux nouvelles techniques de reprographie ? Lorsqu'elle posait pour lui des heures durant, se fatiguant dans cette position dite « de repos », une jambe en avant, les mains nouées dans le dos, silencieuse, a-t-elle songé que monsieur Degas avait assez de talent pour la rendre célèbre, elle aussi, et que sa petite silhouette de figurante serait un jour une étoile admirée ? A-t-elle imaginé pareil avenir – une gloire que la danse ne lui donnerait jamais ? C'est possible, après tout : les petites filles ont de ces rêves.

Ce que j'espère, moi qui la regarde aujourd'hui sur une carte postale en triptyque – dos, face, profil – achetée au MET, c'est qu'elle n'a pas eu connaissance de tout ce qui s'est dit sur elle lors de la première exposition publique. Enfin, sur elle... Vous vous souvenez de cette anecdote à propos d'un tableau de Cézanne représentant son épouse ? Certains visiteurs s'arrêtaient devant la toile et s'écriaient : « Quel laideron ! » tandis que d'autres murmuraient : « Quel chef-d'œuvre ! » Qu'est-ce qui compte le plus, la toile ou le modèle, l'art ou la nature ? L'œuvre nous console-t-elle de la vie ? Assurément, la petite danseuse ne dissertait pas sur le rapport entre le réel et sa représentation. Mais les autres non plus. En ce jour d'avril 1881 où elle est exposée pour la première fois au Salon des Indépendants, ils sont bien peu à faire la différence. Esthètes et femmes du monde, critiques et amateurs se pressent avec d'autant plus d'impatience devant la statue que celle-ci avait déjà été annoncée l'année précédente en grand mystère, puis rien. Et cette année même, Degas l'a fait porter avec retard au Salon, quatorze jours après l'inauguration ; jusque-là, un parallélépipède en verre, vide, occupait l'espace et les conversations. Des rumeurs ont couru : elle ne serait pas en marbre ni en bronze, ni même en plâtre ou en bois, mais en cire. D'ordinaire, la cire sert d'étape préparatoire pour une œuvre définitive, mais l'artiste a choisi là de la montrer ainsi achevée. Et habillée de vrais vêtements, comme une poupée. Chaussée de vrais chaussons. Coiffée de vrais cheveux. Quelle bizarrerie ! En même temps, rien d'étonnant : ce n'est pas le Salon officiel, mais celui des Indépendants, fondé par les Impressionnistes, toujours moins académique. Hormis un portrait sur bois et une *Petite Parisienne* en bronze de Gauguin, c'est la seule sculpture exposée. Enfin ils vont la voir ! Au milieu des toiles de Pissarro, Cassatt, Gauguin, elle est présentée dans sa cage de verre, ce qui attise encore la curiosité. Ils s'avancent donc avec empressement, approchent leur visage ou leur monocle de la paroi transparente, froncent les sourcils et reculent, mais qu'est-ce que c'est, hésitent, se sauvent ou restent béants. Car, quoique sensibles et cultivés, presque tous sont saisis d'horreur devant la petite danseuse. Ce n'est pas de l'art ! s'exclament les uns. C'est un monstre, disent les autres. Un avorton ! Un singe ! Elle serait mieux au musée de zoologie, ironise une comtesse. Elle a l'air vicieux d'une criminelle, renchérit une autre. « Quel laideron, celle-là ! lance un jeune gandin. J'espère bien qu'elle fera le rat à l'Opéra plutôt que la chatte au bordel[1] ! » Un journaliste s'interroge : existe-t-il « *réellement* un modèle aussi horrible, aussi repoussant ? ». Une essayiste la décrit pour la revue anglaise *Artist* comme « à moitié idiote », « avec sa tête et son expression aztèques ». « L'art peut-il tomber plus bas ? » demande-t-elle[2]. Tant de vice ! Tant de laideur ! L'œuvre et le modèle se confondent en une même réprobation, s'attirant une hostilité, une haine dont la virulence étonne aujourd'hui. « Cette fillette à peine pubère, fleurette de ruisseau[3] », vient d'entrer dans l'histoire des révolutions artistiques.

Exposée, la petite danseuse l'est donc doublement : au regard d'autrui et au danger d'en être détruite ; au goût esthétique et au dégoût moral. Statuette ou fillette, elle n'est qu'un objet voué ce jour-là plus au mépris qu'à l'admiration. Personne ne lui a demandé l'autorisation de lui faire courir ce risque, à elle qui est une fille pauvre dont le corps est la seule valeur : le risque de déplaire, donc de déchoir. La honte de l'humiliation. Il est vrai que, selon toute probabilité, elle n'a pas été conviée au Salon. Sans doute n'y est-elle jamais venue au cours des trois semaines qu'il a duré, boulevard des Capucines, tout à côté de l'Opéra. Quelqu'un parmi les rapins et les grisettes qu'elle fréquentait lui a peut-être appris en se moquant la nouvelle de l'événement : « Tout le monde court te voir. C'est toi Mona Lisa ? » Mais les séances de pose étaient déjà loin dans son souvenir, tant de choses s'étaient passées depuis, elle avait seize ans à présent. À quoi bon revenir en arrière ? Du reste, on ne laissait pas entrer les pauvresses, les ouvrières, les prostituées. On ne félicitait pas le modèle de sa patience, de son immobilité, de son abnégation. De sa beauté, à la rigueur, si elle était la maîtresse de l'artiste. C'est tout. Elle n'avait pas couché avec Degas, pas qu'on sache, en tout cas. Elle n'a pas lu non plus les comptes rendus dans la presse – elle avait quitté tôt l'école, elle savait à peine lire et écrire. Rares ont été les critiques favorables. La plus belle appartient à Nina de Villard, compagne du poète Charles Cros, qui écrira au sortir de l'exposition : « J'ai éprouvé devant cette statuette une des plus violentes impressions artistiques de ma vie : depuis bien longtemps, je rêvais à cela[4]. » Marie n'en a rien su. Personne ne lui a lu non plus les éloges de Huysmans, d'ailleurs destinés à l'artiste, pas à elle. Quand l'écrivain encense la liberté de Degas qui bouleverse toutes les conventions de la sculpture et « les poncifs recopiés depuis des siècles[5] » avec une œuvre « si originale, si téméraire […], vraiment moderne[6] », il décrit sans pitié la petite danseuse, sa « face maladive et bise, tirée et vieille avant l'âge[7] ». Aussi j'aime à croire qu'en posant

18

pour le maître avec cet air de défi que le critique Paul Mantz appellera le lendemain dans *Le Temps* « une bestiale effronterie[8] », j'aime à penser qu'elle a anticipé un tel scandale parmi les gens bien, y répondant à l'avance par ce détachement insolent où j'ai envie de lire, au-delà de tous les empêchements, jumelle de celle de Degas, sa liberté, la sienne propre, calme et presque souriante, menton levé, sa liberté à elle.

À la fin du Salon houleux de 1881, Degas a rapporté sa *Petite Danseuse* chez lui et ne l'a plus montrée à personne. Elle n'ira pas à la grande exposition impressionniste que le marchand d'art Durand-Ruel organise à New York en 1886. Elle prendra la poussière dans un coin de l'atelier, noircissant à vue d'œil, entassée parmi d'autres, le tutu en loques, à côté de chaussons de danse et de photographies de danseuses. Elle continue pourtant d'occuper les conversations de ses contemporains. Dans les années 1890, Henri de Régnier et Paul Helleu parlent d'elle au poète Stéphane Mallarmé. Des artistes comme Maurice Denis, Georges Rouault ou Walter Sickert la mentionnent longtemps après qu'elle a été soustraite aux regards. En 1903, Louisine Havemeyer, collectionneuse avisée et future suffragette, propose à l'artiste de la lui acheter : la scandaleuse petite danseuse, par son absence, est déjà nimbée de mystère, elle est devenue un mythe. Degas refuse. Il ne veut ni la vendre ni la présenter à l'extérieur.

Mme Havemeyer, conseillée par Mary Cassatt, insistera à plusieurs reprises, mais Degas reste insensible aux pressions et garde sa statuette. Il la retravaille un peu, tourne autour, ne l'oublie pas : « Il me faut venir à bout de cette sculpture, dût-on y laisser sa vieille personne. J'irai jusqu'à ce que je tombe et je me sens encore assez debout, malgré les soixante-neuf ans que je viens d'avoir[9] », écrit-il dans une lettre de l'été 1903. Des amis suggèrent alors que des moulages en bronze soient réalisés, car la cire est une matière éminemment fragile. Soit Degas, maintenant ruiné, manque d'argent pour les financer, soit il souhaite rester en tête à tête avec l'original, ou les deux, en tout cas il ne donne pas suite. Ou bien plutôt il applique à son œuvre ce qu'il a dit naguère d'un tableau de Rembrandt que le Louvre envisageait de restaurer : « Toucher à un tableau ! Mais il faut qu'un tableau périsse, il faut que le temps marche dessus, comme sur toutes choses, c'est sa beauté[10]. »

Ce n'est donc qu'après sa mort en 1917 que plus de cent cinquante statuettes en cire, retrouvées chez lui plus ou moins dégradées, furent l'objet de conservation, dont la *Petite Danseuse de quatorze ans*. L'entourage de Degas ne laissa pas le temps marcher dessus : après avoir hésité à la restaurer pour la vendre comme une pièce unique, ses proches décidèrent de la confier à l'entreprise de fonderie Hébrard. Grâce au peintre Paul-Albert Bartholomé, ami de Degas, vingt-deux moulages en bronze seront donc fondus par Hébrard d'après un premier moulage en plâtre, puis patinés pour imiter au mieux la cire, et enfin dispersés dans des musées ou des collections privées. Cette gestion hâtive décidée par les héritiers, peu respectueuse de la personnalité et de la volonté de Degas, a pour certains des airs de trahison. Cependant, la reproduction de l'original n'a pas, comme Mary Cassatt disait le craindre, fait perdre à l'œuvre de sa valeur artistique, et les moulages sont remarquablement fidèles ; les catalogues de ventes aux enchères nous apprennent qu'en 1971 l'un d'eux, avec ses habits d'origine, a été vendu 380 000 dollars. Un autre a été acquis plus de 13 millions de livres chez Sotheby's. L'œuvre inspire les investisseurs. Ainsi, au début du XXIᵉ siècle, sir John Madejski, propriétaire entre autres du club de football de Reading, a acheté la sculpture 5 millions de livres et l'a revendue 12 millions cinq ans plus tard. Nous n'épiloguerons pas sur les affreuses injustices du monde de l'art et de l'argent, on sait combien de peintres sont allés à la fosse commune, dont les œuvres dorment à présent au fond de coffres-forts.

Degas, lui, a toujours vécu de son art. C'était aussi un immense collectionneur – Ingres, Delacroix, Manet, Pissarro, Daumier, Corot, Sisley, Hokusai, Van Gogh –, à sa mort il possédait, entreposés chez lui, plus de cinq cents chefs-d'œuvre et des milliers de lithographies. Mais il méprisait l'argent. Fils d'un banquier ayant connu la faillite, il ne supportait pas qu'on traite une œuvre comme un « objet de luxe » alors qu'elle était pour lui un « objet de première nécessité[11] ». Il vendait – rarement, mais cher – l'une de ses pièces quand il avait besoin d'argent, parfois à contrecœur, et se moquait férocement de ses confrères avides de médailles, d'honneurs et de rétributions. Pour ce qui est de la *Petite Danseuse*, les responsables des musées nationaux n'ont pas prêté grande attention à la version originale en cire : ils l'ont laissée quitter la France contre 160 000 dollars. Aussi appartient-elle depuis 1956 à M. Paul Mellon, citoyen américain, ce qui n'a rien d'extravagant, après tout, puisque Degas a séjourné quelque temps en Louisiane où était née sa mère et où habitait une partie de sa famille. Il adorait mêler des mots d'anglais à sa conversation et n'aurait sans doute rien trouvé à redire à cette expatriation à laquelle il avait lui-même songé autrefois. À Paris, seul un moulage posthume en bronze avec tutu et ruban est visible – au musée d'Orsay. On peut toujours se procurer une reproduction en résine pour une vingtaine d'euros sur Internet, et des cartes postales, bien sûr, comme celles que j'ai achetées en nombre au fil du temps, bien avant ce projet de livre, parce que j'aimais cette petite danseuse, simplement, je l'ai toujours aimée, elle m'intrigue et me touche. Depuis longtemps, son image m'accompagne, elle est posée sur mon bureau, sur mes étagères. Elle a le nez en l'air, elle ne me regarde pas, mais en même temps je me sens proche, elle me regarde en un autre sens. Chaque fois que j'entre dans la salle d'un musée où elle se trouve et où je suis venue la chercher, pour une raison dont je n'ai pas le secret, mon cœur se serre.

I

Elle s'appelait Marie Geneviève Van Goethem.
Ses parents étaient belges. Comme tant d'autres
de leurs compatriotes – et de nombreux Italiens
ou Polonais –, ils avaient émigré pour fuir la
misère et s'étaient installés au pied de Montmartre, dans l'un des quartiers les plus pauvres
de la capitale. La mère était blanchisseuse, le
père tailleur. Née à Paris le 7 juin 1865, Marie
était la cadette de trois sœurs. Antoinette, l'aînée,
venue de Bruxelles où elle était née en 1861,
avait déjà posé pour Degas dès l'âge de douze
ans, avant de se prostituer et, quand la faim était
intenable, de commettre des vols, seule ou avec

sa mère. Il lui est alors arrivé de séjourner à la prison pour femmes de Saint-Lazare. Louise-Joséphine, la plus jeune, était entrée à l'Opéra comme petit rat en même temps que Marie. C'est elle qui a eu l'existence la moins tragique : elle a intégré le corps de ballet puis est devenue un professeur de danse estimé – la célèbre étoile Yvette Chauviré a été son élève. C'est toujours une chose étrange, dans une fratrie, de voir le destin broder différemment sur le canevas des mêmes souffrances. La benjamine, moins houspillée par une mère vieillissante, a peut-être bénéficié d'une modération plus grande, ou bien elle s'est mise à aimer tellement la danse qu'elle a su en faire son avenir et transformer une contrainte imposée par sa mère en chance de salut.

Degas a pu rencontrer les sœurs ou bien d'abord leur mère dans le quartier où elles habitaient. Entre 1862, date de son arrivée à Paris, et 1882, date à laquelle on perd largement sa trace, la famille Van Goethem a eu sept adresses différentes, toujours dans le neuvième arrondissement, autour de Pigalle. Ces déménagements successifs se faisaient sans doute à la cloche de bois, quand on devait plusieurs termes et qu'on n'arrivait plus à esquiver le propriétaire, ou bien encore pour échapper aux accusations de prostitution. Degas, quant à lui, a aussi déménagé plusieurs fois tout en restant dans ce périmètre

– rue Blanche, rue Pigalle, rue Fontaine, rue Ballu, boulevard de Clichy – où il est maintenant inhumé, cimetière Montmartre, et où vivaient alors une grande partie de la bohème et bon nombre d'ouvriers, de boutiquiers et d'employés – ceux qu'on appelait « la blouse ». Il s'y sentait bien, d'ailleurs lui-même portait la blouse, cette ample tenue de travail dans laquelle il a été photographié, comme beaucoup de peintres. Cependant, il n'était pas pauvre, n'habitait pas une mansarde, ne menait pas la vie de bohème immortalisée par l'opéra de Puccini et les biopics de Modigliani. C'était un bourgeois nanti, plutôt conservateur, qui, au début des années 1880, occupait le cinquième étage d'un immeuble nouvellement bâti et un bel atelier dans la cour. Sa famille se piquait d'une noblesse de pacotille, mais il avait supprimé sa particule. M. de Gas était devenu Degas, et même Degasse, comme on peut le lire phonétiquement sur les registres d'entrée des coulisses de l'Opéra. La particule noble avait été échangée contre un suffixe vulgaire, ce qui ne lui déplaisait pas. Dans sa loge, le concierge, ignorant qui était qui, faisait des plaisanteries sur ces messieurs en haut-de-forme qui venaient voir les filles. Degasse et les radasses, Degasse et les poufiasses – ces mots d'argot circulaient depuis peu dans Paris.

Cependant, au moment où Antoinette puis Marie Van Goethem commencent à poser pour lui, au milieu des années 1870, quoique le peintre cultive une précoce fascination pour les danseuses et les chanteuses, qu'il va voir assidûment, et bien qu'il ait déjà, selon le mot de Manet, sa réputation de « peintre des danseuses », il n'a pas encore obtenu l'autorisation de circuler librement dans les coulisses du nouvel Opéra. Remplaçant le vieux bâtiment de la rue Le Peletier, détruit par un incendie, le palais Garnier vient d'être inauguré, et le laissez-passer qui permettra à Degas d'entrer par la « porte de communication » et d'assister aux répétitions ne lui sera accordé qu'en 1885, contre l'achat d'un abonnement à trois spectacles par semaine. En 1882, quémandant une entrée en coulisse le jour d'un examen de danse, Degas ironise : « J'en ai tant fait de ces examens de danse, sans les avoir vu [*sic*] que j'en suis un peu honteux[12]. » Or, même s'il assure que l'essentiel se fait « dans la mémoire[13] », il a besoin de travailler sur le motif. C'est pourquoi il emploie souvent des modèles qui viennent poser chez lui. Il en réalise des esquisses, des études.

Jusque-là, il était essentiellement peintre. Mais, depuis quelques années, sa vue baisse. Dès 1870, engagé dans l'infanterie pendant le siège de Paris, il s'était aperçu que son œil droit ne voyait pas la cible. Le froid humide l'aurait endommagé de façon irréversible. À peine âgé de quarante ans, il souffre donc d'une semi-cécité, il ne supporte pas la lumière, on le reconnaît dans Paris à ses lunettes bleues. Cruel destin pour un peintre. « La sculpture est un métier d'aveugle[14] », explique-t-il au galeriste Vollard. Elle devient pour lui une nécessité autant qu'un désir. La main sera désormais « un œil supplémentaire[15] », la grâce du toucher palliera l'imprécision croissante de la vue. Mais cet engagement dans l'art de la statuaire n'est pas seulement circonstanciel. Il correspond aussi à la recherche d'une vérité plus grande : « Je me suis rendu compte que pour arriver à une exactitude si parfaite qu'elle donne la sensation de la vie, il faut recourir aux trois dimensions[16] », confie-t-il. La saisie du mouvement pur étant, comme en peinture, sa principale ambition, la cire constitue son matériau de prédilection parce qu'il peut la modeler facilement et indéfiniment, tandis que le marbre ou la pierre, cette « matière pour l'éternité[17] », ne permettent pas que « la main soit proche de l'idée ». C'est aussi la cire qui imite le mieux la chair.

Marie Van Goethem, la mère de Marie Geneviève, est blanchisseuse comme dans un roman de Zola – ou plutôt c'est l'inverse, puisque l'auteur de *L'Assommoir* et de *Nana* avouera à Degas avoir « tout bonnement décrit[18] » dans certaines de ses pages quelques-uns de ses tableaux. Elle en a la vie pénible, trimant pour trois fois rien, et le verbe haut. Le père, Antoine, est inexistant, sans doute tôt parti, mort ou retourné dans sa Belgique natale. L'espérance de vie dans les milieux populaires atteint à peine quarante ans. L'absinthe la raccourcit souvent.

Avoir trois filles est à la fois un désastre et une aubaine quand on n'a pas d'argent. On peut toujours les vendre. En ce siècle où l'enfance n'est pas encore une catégorie sociologique ni juridique établie, il y a plusieurs degrés dans le commerce des enfants. Le premier consiste à les faire travailler de façon tout à fait légale. C'est ce que fait la mère en imposant à ses filles d'entrer à l'Opéra. Elle négocie sans doute un engagement de groupe ; les fratries de plusieurs sœurs y sont très courantes. Il ne s'agit pas pour Mme Van Goethem d'une inscription à un cours de danse, ni même d'une audition destinée à repérer leur talent, mais d'une tractation serrée en vue d'un contrat de travail qu'elle signera d'une écriture malhabile ou d'une croix. Les lois Jules Ferry de 1881 et 1882, qui rendront l'enseignement primaire public et gratuit puis obligatoire pour tous les enfants de six à treize ans, n'existent pas encore, et du reste l'Opéra sera longtemps dispensé de les appliquer : pour les petites danseuses, l'enseignement primaire ne sera obligatoire qu'en 1919. L'écrivain Théophile Gautier, auteur sur le sujet d'un texte peu connu quoique incisif intitulé « Le rat », ironise tristement sur l'ignorance crasse de ces « pauvres petites filles » qui savent à peine lire et qui « feraient mieux d'écrire avec leurs pieds : ils sont plus exercés et plus adroits que leurs mains »[19]. Ces filles démunies, non scolarisées, doivent gagner sinon leur vie, du moins leur croûte. La plupart d'entre elles sont nées de père inconnu et constituent le principal soutien de leur famille. Les garçons peuvent louer leurs bras à la mine ou aux champs, elles, elles louent leurs jambes, leur corps. L'Opéra de Paris recrute en effet des « petits rats » dès l'âge de six ans, qu'on appelle plus tard des « marcheuses » parce qu'elles passent leur temps à exécuter des pas, d'abord en salle de cours, puis sur scène où elles n'apparaissent que vers treize ou quatorze ans – Marie y fera ses débuts dans *La Korrigane*, ballet en deux actes. Là encore, Théophile Gautier se gausse de ce surnom de « marcheuses » qui anticipe leur proche avenir sur le bitume. Les débutantes touchent 2 francs par jour, ce qui est très peu, mais tout de même le double du salaire d'un mineur ou d'un ouvrier du textile. Paris n'oublie pas que quelques années plus tôt, durant l'hiver 1870, lors du siège de la capitale affamée par les Prussiens, 2 francs, c'était le prix d'un rat, d'un vrai rat – on en déboursait 8 pour manger du chat, tandis que l'éléphant et le chameau abattus à la ménagerie du Jardin des Plantes valaient des mois de salaire. Seuls les riches s'en régalaient.

À l'Opéra, les possibilités d'ascension économique et sociale sont réelles mais rares, soumises à des examens bisannuels difficiles et coûteux. Pour leur prestation devant le jury, les danseuses doivent payer leur jupon de tarlatane, leurs rubans de soie, les fausses fleurs dans leurs cheveux. Au fil des ans, les plus douées des élèves montent en grade et sont mieux payées ; chaque participation à un spectacle public leur procure des « feux », revenu d'appoint qui s'ajoute à leur maigre salaire. Si elles réussissent l'examen, elles passent de l'école de danse dans le corps de ballet, puis dans le coryphée. À ce moment-là seulement, elles signent un engagement ferme de quinze ans. Une infime partie d'entre elles deviennent célèbres. Cette gloire est le rêve de toutes les mères, mais la plupart ne visent pas si loin : souvent veuves ou célibataires, issues des couches populaires, elles inondent le directeur de l'Opéra de lettres pathétiques qu'elles ont dictées, dans lesquelles elles implorent « protection » pour leurs filles – et chacune des parties sait sans le dire comment un homme est le protecteur d'une femme. Une autre source de revenu se profile derrière le petit rat, tolérée sinon reconnue. Ce qui serait aujourd'hui dénoncé comme pédophilie, proxénétisme ou corruption de mineure est alors une pratique ordinaire dans cet univers où, selon Théophile Gautier, « les mœurs en usage sont une absence totale de mœurs[20] ». Du reste, la majorité sexuelle a été fixée à treize ans par la loi de 1863 – elle l'était auparavant à onze. En coulisses, la profession d'entremetteuse entre les admirateurs mâles et les mères pour « présenter » leurs filles jouit donc d'un statut quasi officiel. La police ferme les yeux, de même que la direction de l'Opéra. Des fauteuils d'orchestre et des loges sont réservés aux « abonnés » qui bénéficient du droit d'entrer au foyer, en coulisses et dans les salons privés, véritables lieux de rendez-vous galants. D'autres, moins fortunés, à qui ce privilège a été refusé, attendent dans les couloirs, dans le hall, à la sortie. « J'adore les mères de danseuses, s'écrie le célèbre librettiste Ludovic Halévy. Il y a toujours quelque chose à apprendre d'elles […]. Elles tiennent à tous les mondes. Fruitières, couturières et blanchisseuses dans la journée, elles causent familièrement, le soir, à l'Opéra, avec ce que nous avons de mieux en hommes distingués[21]. » On ne peut guère douter que la mère de Marie ait joué pour ses filles ce rôle d'entremetteuse et d'intendante particulière. Peu avant son renvoi de l'Opéra, un article de *L'Événement*, journal friand des faits et gestes des ballerines, fait mention de « Mlle Van Goeuthen [*sic*], quinze ans. A une sœur figurante et une autre à l'école de danse. Pose chez les peintres[22] ». Le journaliste ajoute qu'elle fréquente des cafés de Montmartre et conclut : « Sa mère... Mais non : je n'en veux plus parler... Je dirais des choses à faire rougir ou à faire pleurer. » Peut-être la mère se prostituait-elle elle aussi, il semble en tout cas évident qu'elle a très tôt, comme tant d'autres, incité ses filles à trouver un riche protecteur. Balzac décrit ainsi pour un provincial tout droit monté du Sud-Ouest cette saynète typiquement parisienne :

« — Tiens, regarde, lui dit-il en levant sa canne et désignant un couple qui sortait du passage de l'Opéra.

— Qu'est-ce que c'est que ça ? demanda Gazonal.

Ça était une vieille femme à chapeau resté six mois à l'étalage, à robe très prétentieuse, à châle en tartan déteint, dont la figure était restée vingt ans dans une loge humide, dont le cabas très enflé n'annonçait pas une meilleure position sociale que celle d'ex-portière ; plus une petite fille svelte et mince, dont les yeux bordés de cils noirs n'avaient plus d'innocence, dont le teint annonçait une grande fatigue, mais dont le visage, d'une jolie coupe, était frais, et dont la chevelure devait être abondante, le front charmant et audacieux, le corsage maigre, en deux mots un fruit vert.

— Ça, lui répondit Bixiou, c'est un rat orné de sa mère.

— *Uné ratte ? quésaco ?*

34

— Ce rat, qui sort d'une répétition à l'Opéra, retourne faire un maigre dîner, et reviendra dans trois heures pour s'habiller, s'il paraît ce soir dans le ballet, car nous sommes aujourd'hui lundi. Ce rat a treize ans, c'est un rat déjà vieux. Dans deux ans d'ici, cette créature vaudra soixante mille francs sur la place, elle sera rien ou tout, une grande danseuse ou une marcheuse, un nom célèbre ou une vulgaire courtisane. Elle travaille depuis l'âge de huit ans. Telle que tu la vois, elle est épuisée de fatigue, elle s'est rompu le corps ce matin à la classe de danse, elle sort d'une répétition où les évolutions sont difficiles comme les combinaisons d'un casse-tête chinois, elle reviendra ce soir. Le rat est un des éléments de l'Opéra, car il est à la première danseuse ce que le petit clerc est au notaire. Le rat, c'est l'espérance.

— Qui produit le rat ? demanda Gazonal.

— Les portiers, les pauvres, les acteurs, les danseurs, répondit Bixiou. Il n'y a que la plus profonde misère qui puisse conseiller à un enfant de huit ans de livrer ses pieds et ses articulations aux plus durs supplices, de rester sage jusqu'à seize ou dix-huit ans, uniquement par spéculation, et de se flanquer d'une horrible vieille comme vous mettez du fumier autour d'une jolie fleur[23]. »

Théophile Gautier va encore plus loin dans l'évocation de ce haut lieu du libertinage qu'est le foyer de l'Opéra, avec ses trafics sexuels, ses

« nuits jaunes du mal et de l'orgie » pour lesquelles les mères donnent à leurs filles des « leçons d'œillades » avant de les vendre. « Tous les marchés d'esclaves ne sont pas en Turquie », conclut-il[24].

Marie Van Goethem entre donc à l'Opéra. Pour la jeune fille malingre qu'elle est, le contrat est extrêmement dur. Elle travaille dix ou douze heures par jour, six jours sur sept, enchaînant leçons, répétitions et spectacles. La loi de 1841 édictée pour limiter le travail des enfants n'est pas appliquée. Le règlement de l'École de danse stipule qu'elle doit impérativement habiter dans un rayon de deux kilomètres autour de l'Opéra, parce que les 2 francs quotidiens ne permettent pas de prendre le tramway ou l'omnibus : il faut venir à pied tous les matins – il est probable que Marie n'a jamais, de toute sa jeunesse, quitté son quartier. Le directeur est omnipotent, et le moindre manquement donne lieu à des amendes, jusqu'à l'exclusion qui condamne les coupables à rembourser 100 francs par année effectuée. Ce sera le cas de Marie, renvoyée avant terme pour absentéisme, mais comment aurait-elle trouvé tant d'argent ? C'est justement pour en gagner qu'elle a manqué les cours.

Son existence quotidienne est une épreuve. Arrivée tôt le matin, elle passe des heures en cours et en répétitions, sous la houlette de professeurs autoritaires : quand ce n'est pas Mérante, le maître de ballet, qui se montre sadique, c'est le régisseur de la danse, le redouté M. Pluque. Marie est petite et pas très solide, les exercices l'épuisent – il s'agit d'abord de « se casser » à la barre, avant d'enchaîner sans tomber, sur le parquet régulièrement arrosé, les mêmes gestes, jetés, pirouettes, entrechats, ronds de jambe, fouettés, pointes… La fatigue vient d'autant plus vite qu'elle mange peu et mal, parfois pas du tout. On la menace d'enfermer ses jambes ou son dos, comme autrefois, dans des sortes de boîtes en bois censées rectifier les mauvaises positions. Il lui est interdit de protester, de parler, de rire ou de pleurer. La musique d'accompagnement – piano, violon – et les pauses offrent de menues consolations dans une journée très laborieuse. Le bavardage, la paresse, la mauvaise humeur constituent autant d'infractions vite sanctionnées, et quand sa mère est là sur un banc de côté, assistant au cours avec d'autres commères – parfois elle se fera engager comme habilleuse –, c'est encore pire, elle est houspillée de tous côtés. Son justaucorps et son tutu sont usés, ses chaussons de coutil déformés et vingt fois reprisés, déjà portés par d'autres. Elle a les pieds en sang, ses blessures mal soignées s'infectent. Quand elle rentre chez elle, en l'absence d'eau courante dans le minuscule appartement où sa famille s'entasse, elle ne peut pas laver son corps en sueur, à moins d'attendre le bon vouloir de la concierge ou de retourner elle-même faire la queue en bas pour tirer un seau et de remonter les étages sans le renverser. Les bains publics sont chers, elle n'y va guère qu'une fois par mois.

A-t-elle des amies, des camarades de jeux comme en ont les enfants ? Plutôt des sœurs de misère. À l'exception de quelques filles de la bourgeoisie française ou étrangère que leurs parents ont autorisées du bout des lèvres à vivre dans ce lieu à la fois glorieux et hautement suspect leur passion de la danse, la plupart sont là poussées par la nécessité. Quand elles n'ont pas été admises dans le corps de ballet, elles font des extras pour quelques sous – ce sera plusieurs fois le cas d'Antoinette, l'aînée. Si elles n'ont pas de « protecteur » parmi les messieurs abonnés aux spectacles (si elles ne sont pas très jolies ni douées pour la galanterie), elles endurent les pires privations, n'ont pas de quoi payer le dentiste ou le médecin quand elles tombent malades. Certaines connaissent une fin tragique – on se raconte à voix menue l'histoire d'Emma Livry, brûlée vive pendant un spectacle, son tutu ayant pris feu à l'un des becs de gaz qui éclairent les coulisses. À quinze ans, plusieurs sont déjà alcooliques – il est tentant de s'enivrer en compagnie au foyer de l'Opéra –, d'autres meurent de la tuberculose. La classe des petites est encore assez joyeuse et délurée mais, à peine adolescentes, elles ont le regard absent et l'air résigné, entrant dans la prostitution sans avoir eu d'enfance. « Le rat a été pris de si bonne heure dans cette immense souricière de théâtre qu'il n'a pas eu le temps de soupçonner la vie humaine[25] », résume Théophile Gautier. Certes, quelques-unes poursuivent avec sérieux leur vocation et deviennent de grandes danseuses, telle Marie Taglioni, que Degas a peinte et même célébrée dans des vers lyriques. Pour peu qu'un abonné prenne soin d'elles et leur offre des cours particuliers, certaines échappent à leur condition. C'est le cas de Berthe Bernay, entrée à l'Opéra peu avant Marie Van Goethem à 600 francs par an et qui, à force d'acharnement, finira étoile avec un salaire annuel de 6 800 francs. D'autres, sans grand talent mais adulées pour leur grâce, font carrière comme courtisanes dans le demi-monde et vivent luxueusement. D'autres enfin, comme la jeune sœur de Marie, se retirent de la scène passé trente ans et deviennent maîtres de ballet. Mais les autres, toutes les autres ne sont jamais que des petits rats, grouillant ici et là dans une atmosphère malsaine. Le surnom qu'on leur a donné dit leur condition. Si une étymologie douteuse l'attribue à l'aphérèse de la dernière syllabe d'opéra, il est plus probable que la métaphore s'applique à leur existence. Comme le décrit l'un des anciens directeurs de l'Opéra, « le rat fait des trous aux décorations pour voir le spectacle, court au grand galop derrière les toiles de fond et joue aux quatre coins des corridors ; il est censé gagner vingt sous par soirée, mais au moyen des amendes énormes qu'il encourt par ses désordres, il ne touche par mois que huit à dix francs et trente coups de pied de sa mère[26] ». Pour d'autres commentateurs, le petit rat est aussi celui qui transmet la « peste sexuelle » – la syphilis. On est bien loin de la charmante et austère image qu'ont aujourd'hui les élèves de l'Opéra, dont la respectabilité s'établira peu à peu au cours du siècle suivant, quand les starlettes du music-hall et du cinéma détourneront sur elles la lumière du scandale et les feux du désir.

Pourquoi Edgar Degas, bon bourgeois connu pour sa raideur janséniste, « épris d'ordre » selon ses propres dires, se passionne-t-il si tôt et si longtemps, notamment entre 1860 et 1890, pour cet univers douteux ? Fait-il lui-même partie de ces soupirants ventrus à chapeau haut de forme si bien croqués par Forain et Daumier, qui n'assistent guère au spectacle et vont dès l'entracte au foyer attendre les ballerines en buvant du champagne ou du cognac ? Non, même si, avant de devenir un misanthrope irréductible, il a été un jeune homme aux aventures licencieuses – en tout cas il aime à le dire. Mais il a d'autres ambitions que celles des abonnés concupiscents. Il les peint, les montre embusqués dans un coin du tableau ou en groupe, coqs satisfaits dans la volière. Parfois il adopte leur point de vue, effectuant des plans rapprochés sur les corps des ballerines. Des années durant, il les a observés. C'est son époque, c'est son monde, le reflet de son désir aussi, et « on ne peut faire de l'art que de ce que l'on connaît[27] ». En outre, Degas a une passion pour la musique – Mozart, Gluck, Massenet, Gounod –, c'est sa première et principale raison de fréquenter l'Opéra avant de s'apercevoir, à travers des ballets aux chorégraphies subtiles, que, par la danse, « la musique devient dessin[28] ». Et puis Degas aime la nuit. Contrairement aux autres impressionnistes, sans doute en partie à cause de ses problèmes aux yeux, il ne recherche pas la clarté du jour, les déjeuners de soleil. Il leur préfère les scènes nocturnes et noctambules, la lumière artificielle des cabarets et des théâtres, la pénombre.

Que les danseuses fascinent Degas, indépendamment de son travail d'artiste ou de sa convoitise d'homme, n'a d'ailleurs rien d'étonnant. En cette deuxième moitié du XIXe siècle, leur vie passionne tout le monde, surtout à Paris. Elles appartiennent à cette espèce de folklore urbain qui alimente l'histoire des grandes capitales. Pour comprendre un tel engouement, il faut le comparer à l'insatiable curiosité de nos contemporains envers les stars, les *people*, avec cette même ambivalence qui les caractérise. Objets à la fois d'admiration et de dénigrement, d'attirance et de rejet, les « demoiselles de l'Opéra », comme nos idoles actuelles, intéressent surtout par leurs frasques sexuelles et leurs aventures sentimentales. Leur tutu constitue à lui seul un sujet de scandale et d'excitation. Il est certes plus long que le tutu actuel, mais aucun autre vêtement de l'époque ne découvre ainsi la cheville et le mollet d'une femme. On raconte qu'un soir, deux Américaines choquées quittèrent leur siège peu après le début du ballet, ne voyant en ces créatures court-vêtues qu'un outrage aux bonnes mœurs. Mais dans les milieux populaires aussi bien que chez les privilégiés, on suit le récit de leurs grandeurs et misères qui inspirent les artistes, les écrivains, et dont les journaux font leurs choux gras. Vers 1875, un librettiste aussi réputé que Ludovic Halévy publie en feuilleton dans *La Vie parisienne* les aventures de la famille Cardinal – sorte de Kardashian avant l'heure – qui narre les aventures amoureuses de Pauline et Virginie (*sic*), jolies ballerines flanquées de leur mère, une maquerelle cynique prompte à vendre à de vieux messieurs libidineux ses filles de quatorze ans ; l'une d'elles quitte d'ailleurs l'Opéra pour devenir une « cocotte » de haut vol. C'est un énorme succès populaire. Degas s'en inspirera pour illustrer la vie des sœurs Cardinal en une série de monotypes qui ne seront cependant jamais publiés, Halévy leur préférant finalement une imagerie plus conventionnelle. Il montre les jeunes filles en conversation avec des admirateurs ou frétillant devant la glace du foyer de l'Opéra. Il ne leur adjoint jamais de partenaire masculin, comme si seule comptait la grâce féminine – le danseur n'est qu'un faire-valoir. D'autres romans sur les danseuses fleurissent dans la lignée d'Halévy, sur un mode plus ou moins comique, tels que les aventures de Mme Manchaballe et de ses trois petits rats (qui habitent rue de Douai, comme la famille Van Goethem), aventures dues au vicomte Richard de Saint-Geniès, lui-même habitué des lieux, sous le pseudonyme burlesque de Richard O'Monroy. On s'arrache des publications bon marché aux titres éloquents : *Derrière le rideau*, *Ces demoiselles de l'Opéra*. Le petit rat, sexualisé, érotisé, enflamme les imaginations : celle des hommes, bien sûr, mais aussi celle des femmes. Car la danse fait toujours rêver, elle est l'art romantique par excellence, elle incarne la beauté, la séduction, la perfection. Tous sont hypnotisés par le fait qu'on puisse « payer cent mille francs à une paire de chevilles », à un premier sujet « dont le nom sur l'affiche attire tout Paris, qui gagne soixante mille francs par an, et qui vit en princesse », écrit Balzac, ajoutant à l'intention du visiteur de province : « Le prix de ta fabrique ne te suffirait pas pour acheter le droit de lui dire trente fois bonjour »[29].

Autant qu'elles le fascinent, ces histoires font peur au bourgeois. La presse à scandale regorge d'intrigues où de belles ballerines ruinent la santé, la réputation et la vie de notables à qui elles ont fait perdre la tête. La Nana de Zola, exactement contemporaine de la Petite Danseuse de Degas – qu'on surnomme d'ailleurs « la petite Nana » –, ne possède aucun talent d'actrice, elle ne fait que se déhancher sur scène à moitié nue, mais ses contorsions affolent les hommes jusqu'au désastre – celui de ses amants puis le sien. Elle finit défigurée par la petite vérole en même temps que la France perd la guerre, comme si elle incarnait ce qui menace un pays saisi par la sensualité et la débauche. Pour les bonnes familles de l'époque, une femme qui travaille suscite déjà le soupçon de dépravation : une honnête femme reste chez elle. Alors que dire d'une comédienne ou d'une danseuse ?! N'exprime-t-elle pas « l'offrande impérieuse du sexe, l'appel mimique du besoin de prostitution[30] » ? Fleuron douteux de ce monde interlope, elle est synonyme de corruption et de déchéance, elle est assimilée à une prostituée capable d'abattre un arbre généalogique. Son pouvoir inquiète : « le corps de ballet est la grande puissance », écrit Balzac. Et de désigner « une danseuse qui n'existe que par la toute-puissance d'un journal. Si son engagement n'eût pas été renouvelé, le ministère eût eu sur le dos un ennemi de plus[31] ». Les « marcheuses » finissent bien souvent dans une maison close – le lupanar est un autre topos de la peinture et de la littérature – mais l'étoile, comme la ballerine de troisième ordre, pour peu qu'elle soit belle, évolue dans les « hautes sphères du dandysme et de la politique[32] ». Au foyer de l'Opéra ou en coulisses, aristocrates, membres du Jockey Club, grands bourgeois, journalistes influents, hommes politiques se pressent autour d'elle. Elle est la maîtresse d'un député, d'un pair de France, d'un héritier dont elle « mange le capital ». Le célèbre baron Haussmann, par exemple, défraie la chronique par la liaison scandaleuse qu'il entretient avec une jeune ballerine. Dans cette époque vénale et jouisseuse, il est de bon ton d'« avoir sa danseuse ». Des fils de famille se ruinent pour elle, se suicident, sont ravagés par la syphilis. Dans la « pénombre conspiratoire[33] » du théâtre qu'évoque Julien Gracq à propos de Nana, elle a le pouvoir terrifiant de dévaster de nobles lignées. Point de rencontre des bas-fonds et des élites, elle brave « l'angoisse vénérienne[34] », elle est « ferment de destruction, corrompant et désorganisant Paris entre ses cuisses de neige », elle est « la mouche envolée des faubourgs, apportant le ferment des pourritures sociales »[35], et par là même elle suscite horreur et angoisse plus encore qu'admiration et désir.

Degas, quant à lui, cède-t-il à ces fantasmes enchanteurs ou effrayants qui hantent l'imaginaire collectif ? Il ne semble pas. Même si, d'une certaine façon, le monde fascinant de la danse opère pour lui mentalement comme le faisaient les mythes pour les peintres anciens, on ne peut certes pas lui reprocher de sublimer son sujet ni d'enjoliver la réalité quotidienne des ballerines. Là où Ludovic Halévy les dépeint en tourbillons charmants de gamines espiègles faisant bouffer en riant leurs jupons de gaze, il les montre rarement sous leur jour le plus *glamour,* comme on dirait aujourd'hui. S'il peint quelquefois des spectacles, la plupart de ses toiles représentent l'envers du décor : le labeur harassant des répétitions, le corps déformé et fourbu sous l'effort, le visage tendu, flou ou carrément coupé pour laisser toute la place aux jambes, aux bras. Cet « iconoclaste », écrit Huysmans, se moque bien du cliché de la ravissante danseuse à la chair de déesse, au contraire il révèle la « mercenaire abêtie par de mécaniques ébats et de monotones sauts »[36], dont le corps est l'outil de travail, et qui finit effondrée après un exercice pénible, massant ses muscles endoloris et sa nuque malmenée. *La Leçon de danse* par exemple, peinte en 1879, montre la ballerine Nelly Franklin assise l'air abattu sur un banc, et Degas note à son sujet : « *Unhappy Nelly.* » Malheureux, le petit rat l'est souvent, et d'autant plus s'il manque de vocation. Jusque dans ses sonnets, Degas raille l'élève peu douée qui rate sa figure : « C'est un saut de grenouille aux mares de Cythère[37]. » Aussi le poète Henri de Régnier, dans un médaillon, loue-t-il son art de la désillusion : « Car tu sais nous montrer, quand retombe la gaze / Et que pose au tréteau le chausson de satin, / Le poids du corps qui pèse au talon qu'il écrase[38]. » En choisissant pour modèle Marie Van Goethem, fillette à la poitrine plate et aux traits peu gracieux, Degas enfonce un peu plus le clou de sa démonstration. La danseuse n'est ni séduisante ni séductrice, elle n'est pas vêtue d'un beau costume de scène mais d'un justau-corps simple, sans parures ; le nez en l'air, elle ne regarde pas ceux qui la regardent, elle ne dégage aucune sensualité de nature à enflam-mer le public masculin. Sa position n'est pas l'une des positions classiques de la ballerine, elle ne témoigne d'aucune légèreté, d'aucune aisance virtuose, d'aucune grâce particulière. Elle n'est pas saisie pendant une répétition ou un spectacle, mais lors d'une pause mal définie, dans une salle de pratique, sans souci de plaire. Paul Valéry résumera bien le travail paradoxal de l'artiste, soulignant qu'il s'acharne à repro-duire « l'animal féminin spécialisé, esclave de la danse[39] » : « Il a beau s'attacher aux danseuses : il les capture plutôt qu'il ne les enjôle. Il les défi-nit[40]. »

Ce que montre Degas, en effet, ce n'est pas la danseuse mythique, c'est la travailleuse ordinaire ; pas l'idole sous les feux de la rampe, mais la besogneuse de l'ombre, une fois les quinquets mouchés ; pas l'objet de divertissement et de plaisir, mais le sujet aux prises avec la sinistre réalité. Comme le note son ami le peintre et écrivain Jacques-Émile Blanche, sous l'œil de Degas les danseuses « cessent d'être nymphe ou papillon... pour retomber dans leur misère et trahir leur vraie condition[41] ». Là où Jean-Baptiste Carpeaux, dix ans plus tôt, sculptait la belle Eugénie Fiocre, première danseuse à l'Opéra, comme une comtesse ou une duchesse, une rose dans les plis élégants de son décolleté, là où Degas peignait la même demoiselle Fiocre en fascinante princesse persane, entourée des siens, il offre ici une tout autre vision. Marie Van Goethem n'est qu'une jeune ouvrière de la danse et une petite fille seule, solitaire. Personne ne se soucie de son sort. Degas la modèle dans sa simplicité, dans son dénuement. La sculpture permet de figurer le vide autour d'elle : pas de décor, pas de compagnie. On fait le tour d'une statue comme on fait le tour d'une question, on l'examine sous tous les angles. « La petite Nana » se découpe sur fond de néant. Degas désire abattre le stéréotype, asséner une vérité que la société ignore – veut ignorer. La danse n'est pas un conte de fées, c'est un métier pénible.

Cendrillons sans marraine, les petits rats ne deviennent pas des princesses, et leurs cochers sans carrosse restent des souris grises comme le coutil de leurs chaussons. Ce sont des enfants qui travaillent, à l'instar des cousettes, des petites bonnes, des vendeuses, mais plus durement encore. À sa manière, l'artiste prolonge ou devance les dénonciations faites par les écrivains de son temps, en ce siècle industriel où les enfants pauvres sont traités comme des esclaves ou des bêtes. En 1862, Victor Hugo a publié *Les Misérables,* roman dans lequel, à travers les personnages de Cosette et de Gavroche, il s'élève contre le sort tragique fait aux enfants. Les ignobles Thénardier, bourreaux de Cosette, doivent d'ailleurs leur nom à un adversaire politique de Victor Hugo, le député Thénard, qui s'était opposé à sa proposition de réduire le temps de travail des enfants de seize heures à dix heures. Zola défendra la même cause dans *Germinal.* En 1878, Jules Vallès dédiera son roman autobiographique *L'Enfant* « à tous ceux qui, pendant leur enfance, furent tyrannisés par leurs maîtres ou rossés par leurs parents ».

Cependant, Degas a-t-il à l'esprit une intention aussi ouvertement politique lorsqu'il modèle la *Petite Danseuse* ? Veut-il réellement « jeter à la face de son siècle », comme le soutient Huysmans, les outrages que commet celui-ci envers les plus faibles ? Un détail peut nous en faire douter, nous amenant à penser que le sculpteur adhère au moins en partie à certains préjugés de son temps. En effet, les détracteurs de la statuette sont nombreux à noter, dès qu'ils la découvrent dans sa cage en verre, qu'elle incarne « le rat d'Opéra […] avec toute sa nature et son stock de mauvais instincts et de penchants vicieux[42] », qu'elle a l'air « si profondément vicieux[43] » des bas-fonds et les traits d'une « criminelle ». Ce dernier mot, employé par plusieurs d'entre eux, a de quoi surprendre et choquer le visiteur d'aujourd'hui. Comment cette jeune danseuse en tutu aurait-elle quoi que ce soit de criminel ? Et que peut bien signifier concrètement l'expression « traits de criminelle » ? À quoi repère-t-on ceux-ci ? Existe-t-il une physionomie typique que n'auraient jamais les gens bien ? La propension au mal, la dégénérescence morale se lisent-elles sur un visage – non pas au fil du temps, à la Dorian Gray, imprimées par les actions délictueuses (ce qui serait déjà discutable), mais dès quatorze ans, dès l'enfance, comme un sort tatoué avant l'heure sur la face ? Le vice serait donc « stocké » dans le corps et visible à l'œil nu ? Autant admettre qu'on est criminel de naissance ! Mauvais par nature ! C'est absurde.

Cela n'a rien d'absurde pour les esprits du XIXe siècle. Au contraire, c'est l'idée qui prévaut. Dès la fin des années 1790, l'œuvre de Johann Kaspar Lavater, *L'Art de connaître les hommes par la physionomie*, se répand en France et ailleurs. Ce théologien allemand, parfois considéré comme le père de l'anthropologie, établit un lien entre l'apparence physique et les aptitudes morales et intellectuelles de l'être humain. Par exemple, un homme doté d'une mâchoire large et d'une bouche lippue révélerait son animalité, alors qu'un front haut et large désignerait des qualités d'intelligence supérieures. Les milieux scientifiques se passionnent aussi pour la phrénologie, théorie qui prétend expliquer l'humain par sa seule constitution physique et organique. Les travaux de l'Italien Cesare Lombroso, spécialisé dans l'anthropologie criminelle, reprennent l'idée du neurologue allemand Franz Joseph Gall selon laquelle les facultés humaines pourraient être évaluées d'après la forme du crâne, et notamment en en étudiant les creux et les bosses. Le caractère serait donc entièrement déterminé par la conformation organique. Ne nous reste aujourd'hui de cette hypothèse fumeuse qu'une expression populaire : « avoir la bosse des maths » ou la « bosse du commerce », mais pendant la majeure partie du XIXe siècle, elle est prise très au sérieux. Les savants s'y intéressent surtout dans le domaine de la criminalité. Ainsi F. J. Gall pense-t-il avoir trouvé la « bosse du crime », cachée derrière les oreilles des assassins. Les scientifiques collectionnent les crânes des criminels, étudient les organes des condamnés à mort, calculent l'« angle facial » pour établir le degré de dangerosité ou mesurent l'excès de masculinité dans les traits des prostituées – la déviance par rapport à une féminité douce et passive expliquerait leur déchéance. Le concept de « criminel-né », soutenu par Lombroso, relie la tendance meurtrière aux traits simiesques, au front fuyant… On répertorie différents autres critères pour le définir : les gauchers, les chauves, les femmes aux pommettes saillantes, la taille et la forme des oreilles… offrent des pistes inquiétantes. Le délinquant est considéré comme un sauvage, un primitif. On crée une typologie du criminel, qui fait de l'ouvrier, « vicieux dès le berceau », un barbare en puissance et des bas-fonds un vivier pour le bagne. À l'opposé, le visage grec de l'Antiquité représente l'idéal aristocratique.

Ces thèses très matérialistes, qui alimenteront aussi bien l'antisémitisme d'un Drumont que les classifications raciales des nazis, sont assez peu contrebalancées par des positions adverses. Il faudra attendre la fin du XIXe siècle pour que l'on commence à montrer que la criminalité n'a pas pour origine une prédisposition physiologique ni un atavisme individuel. Avant cette date, quelques savants, tel Flourens, élève de Cuvier, s'insurgent bien contre le déterminisme en soulignant la place de la liberté humaine et les pouvoirs de la raison. D'autres, aux avant-postes de la sociologie moderne, insistent sur l'influence du milieu et de l'éducation contre la tyrannie du tout-biologique. Mais rien n'y fait : ces idées prospèrent à la façon d'une mode et conquièrent une large partie de l'opinion. Dans cette France industrielle où les classes populaires prennent de plus en plus d'importance, dans ce Paris où les remaniements urbains du baron Haussmann brassent des populations hétérogènes au sein des mêmes immeubles – les riches aux étages peu élevés, les pauvres et la domesticité sous les combles –, les classes dominantes éprouvent le besoin de se rassurer sur leurs privilèges. Elles adhèrent donc volontiers à des thèses qui tendent à « prouver » la supériorité « naturelle » de la bourgeoisie sur le peuple, des riches sur les pauvres, tout comme celle des Blancs sur les Noirs et celle de l'homme sur la femme. Selon ces théories empreintes de racisme et de machisme, l'homme n'est pas tributaire de son environnement social ou culturel mais déterminé par des lois biologiques fondées sur l'hérédité : ainsi, un ouvrier, une prostituée, un Noir, une femme seraient par nature, en raison de tares génétiques ou à tout le moins d'un développement incomplet, des êtres inférieurs. La société se trouverait donc justifiée « naturellement » dans sa hiérarchie, plaçant à son sommet les hommes blancs de riche condition et au dernier échelon les autres races, les femmes et les pauvres. Autant dire que Marie Van Goethem, avec ses traits « aztèques » et sa misère de petite fille, est tout en bas de l'échelle, ce qui explique en grande partie l'horreur du public lorsqu'il la découvre à l'exposition de 1881. Le spectateur bourgeois trouve en elle son antithèse. Amateur de madones, de modèles élégants et raffinés ou de jeunes filles charnues et saines, il ne comprend pas comment un petit rat laborieux et vulgaire, à la face de « singe » et à l'air « vicieux », peut être le sujet d'une œuvre d'art. Représenter un déchet de la société, quel intérêt ?

On ne saurait nier que le visage de la Petite Danseuse offre certains des traits dénoncés comme typiquement criminels par la phrénologie et l'anatomie médicale de l'époque – front fuyant, mâchoire prognathe, pommettes saillantes, cheveux épais. Et il est avéré qu'Edgar Degas s'est beaucoup renseigné sur ces théories physionomistes, qu'illustrent plusieurs de ses portraits peints ou de ses monotypes de bordel. Il n'est pas le seul. Ces travaux physiognomoniques étaient très prisés par les artistes et les écrivains du XIXe siècle. Ainsi, Honoré de Balzac possédait les œuvres complètes de Lavater, illustrées de six cents gravures parmi lesquelles il choisissait les traits de ses personnages en fonction du caractère qu'il souhaitait leur imprimer : à visage laid, âme mauvaise. Émile Zola affirmait avoir lu tout Lombroso, en tirant des réflexions sur l'atavisme et la dégénérescence héréditaire. Victor Hugo visitait les prisonniers pour vérifier si leurs penchants criminels étaient gravés sur leur visage. L'artiste David d'Angers, adepte de F. J. Gall, ciselait des médaillons sculptés en appliquant sa théorie des bosses. Lorsque Degas, pour le plus grand effroi des visiteurs, donne littéralement corps à cette vision du faciès criminel, immédiatement perçu comme une « aberration anthropologique », un « monstre », il est donc à la fois totalement dans l'air du temps et très conscient de la réprobation qu'il va susciter. Mais quel est son but lorsqu'il sculpte ainsi le visage de sa Petite Danseuse ?

Il est toujours difficile de voir en un artiste admiré des défaillances intellectuelles ou morales majeures, fussent-elles atténuées par l'argument de « l'époque » – « à cette époque, c'était normal » – ou du caractère. Ainsi, il est avéré que Degas était antisémite – pas effréné, mais tout de même antidreyfusard suffisamment convaincu pour se brouiller avec ses amis de toujours, les Halévy, en 1897, après d'âpres discussions sur « l'Affaire ». Même si l'on pense que son antidreyfusisme relevait davantage d'une immense dévotion envers l'armée que d'un antisémitisme viscéral, cela ne le rend guère aimable. De la même manière, il nous faudra revenir sur le rapport ambigu, peu suspect de féminisme, qu'entretenait Degas avec le sexe opposé. Une autre question se pose ici pareillement : Degas ajoutait-il foi à ces théories physiognomonistes à la mode, au point d'avoir voulu les illustrer en modelant les traits de sa Petite Danseuse à l'image de ceux des délinquants ? L'a-t-il choisie, petit rat issu du peuple, pour en faire l'antithèse de la jeune fille de bonne famille, la preuve vivante des arguments eugénistes en vigueur ? Ou, à l'inverse, la statuette visait-elle à susciter un scandale salutaire, afin de dénoncer cette pseudo-science d'inspiration raciste et l'état de la société ?

En faveur de la première hypothèse, plusieurs indices. D'abord, à l'exposition de 1881, en même temps que sa *Petite Danseuse* Degas présente une étude intitulée *Quatre physionomies de criminels*. Huysmans les décrit ainsi : « Des mufles animaux, avec des fronts bas, des maxillaires en saillie, des mentons courts, des yeux écillés et fuyants[44]. » On y voit quatre croquis de têtes de jeunes hommes inculpés de meurtres, croquis que Degas a réalisés sur le vif puisqu'il a assisté à leur procès en août 1880, à un moment où sans doute il travaillait encore à sa sculpture. Les Parisiens se passionnent alors pour l'« affaire Abadie », du nom du principal inculpé, âgé de dix-neuf ans, arrêté avec l'un de ses amis, Pierre Gille, un adolescent de seize ans, pour le meurtre d'une tenancière de cabaret, puis, quelques mois plus tard, pour un autre procès, celui de Michel Knobloch, dix-neuf ans lui aussi, déjà cinq fois condamné, qui appartient à la « bande » d'Abadie et a avoué le meurtre d'un commis épicier. Ils seront tous condamnés à mort. L'horreur des crimes et la jeunesse des suspects, issus des bas-fonds de la société, choquent le public et raniment le débat d'actualité sur la délinquance juvénile. Un détail rallume aussi une querelle littéraire. C'est qu'avant leur arrestation les accusés Abadie et Gille ont été recrutés comme figurants par le théâtre de l'Ambigu pour une adaptation scénique du roman de Zola, *L'Assommoir*. Le régisseur de l'Ambigu, après une mission de repérage dans les quartiers louches, les avait engagés parce qu'ils incarnaient physiquement le milieu dégénéré décrit par Zola. On reproche donc aux écrivains naturalistes de mettre en avant la laideur du monde, on vitupère leur « dépoétisation des êtres[45] » et leur goût pour les « choses déplaisantes » destinées, croit-on, à effrayer le bourgeois en « l'accoutum[ant] à l'horrible »[46] et en le privant de son droit à la beauté.

Mais c'est justement ce qui intéresse aussi Degas, qui a l'ambition de faire, écrit-il dans ses *Carnets,* « une étude du sentiment moderne ». Il est donc assidu aux séances du tribunal où il est admis sans difficulté parce que l'un de ses amis y est juré suppléant. Tout en suivant le procès, il dessine les prévenus sur son carnet de croquis et en fera plusieurs pastels.

Or, des historiens de l'art contemporains ont

cherché à comparer ces portraits faits par Degas avec la réalité. Lors d'un colloque consacré à Degas au musée d'Orsay en 1988, l'un des grands spécialistes du XIXᵉ siècle, Douglas Druick, a confronté les dessins de Degas avec les photographies anthropométriques des inculpés réalisées par les services de la Sûreté nationale au moment de leur arrestation, en 1880, et conservées à la préfecture de police. La comparaison montre clairement que l'artiste a accentué certains traits pour les mettre en conformité avec les thèses d'anthropologie criminelle à la mode, donnant à ces adolescents un front plus bas, un menton plus fuyant ou un faciès plus animal qu'ils ne les avaient en réalité. Degas a donc, semble-t-il, voulu transposer dans ces dessins des théories qu'il croyait justes à propos des délinquants. Si l'on note qu'il a choisi d'exposer ces *Physionomies de criminels* en même temps que la *Petite Danseuse* en les reliant par une évidente ressemblance – leurs visages paraissent tous témoigner d'une odieuse consanguinité –, on peut raisonnablement penser qu'il a fait pour elle ce qu'il a fait pour eux, forçant les traits naturels de son jeune modèle afin de lui donner les caractéristiques d'une criminelle. Certes, elle n'a tué personne, mais son délit n'en est pas moins grave si l'on se souvient de l'affirmation du Dr Lombroso : « La prostitution est la forme du crime chez la femme[47]. » Par son pouvoir de dépravation, la « fille » suscite le même mépris et la même répression que les assassins. Et c'est bien ainsi que sera perçue Marie par tous les commentateurs, comme une prostituée en acte ou en germe, une sauteuse. Le critique Paul Mantz traduira le sentiment général en évoquant « un visage où tous les vices impriment leurs détestables promesses[48] ». Et les visiteurs, en la comparant à un « singe » ou à une « Aztèque », la renvoient, ainsi que le note Douglas Druick, « aux premiers stades de l'évolution humaine[49] ». On lui trouve l'air « vide », « sans expression morale », on l'assimile à un animal, tout juste bon à être « dressé » pour la scène. Elle est vue comme un spécimen digne de figurer au musée Dupuytren, où l'on expose des répliques en cire de corps malades (n'est-elle pas elle-même en cire ?) et des cas pathologiques dans des bocaux de verre (n'est-elle pas elle-même dans une « cage » en verre ?), ou de rejoindre le Musée d'ethnographie du Trocadéro, qui vient d'être inauguré.

Arrivé à ce point, c'est un sentiment étrange de comprendre soudain que Marie Van Goethem ne ressemblait sans doute pas à la sculpture de Degas, que ce n'est pas son véritable visage que nous regardons aujourd'hui puisqu'il l'a donné à d'autres, y compris à des hommes plus âgés, mais aussi à des femmes dans la pénombre d'un bordel, à une chanteuse de cabaret connue. Il a probablement aplati le haut de son crâne et modifié son angle facial pour faire de son menton avancé une sorte de « populacier museau », selon les mots d'un de ses poèmes. Lorsqu'on observe les dessins préparatoires à la sculpture, on voit comment il a altéré son visage pour y inscrire les stigmates d'un primitivisme sauvage, quasi néandertalien, ou d'une dégénérescence précoce. Il l'a littéralement *dénaturée*. Plus violente encore est la comparaison avec les délicats portraits qu'a faits Degas de sa propre sœur Marguerite – ses traits fins, l'ovale distingué de son visage, ses cheveux bien peignés. Et l'on se prend à détester ce quadragénaire conformiste qui, en modelant la cire, manipule une toute jeune fille à des fins sans rapport avec l'art ni l'esthétique. Sans vouloir que l'art soit une imitation de la vie, faut-il accepter le sacrifice de la créature à l'idéologie suspecte de son créateur ?

Cependant, Degas n'a jamais admis que l'artiste se place au-dessus des autres citoyens, qu'il se considère comme un privilégié. Aussi cette position de surplomb ne lui correspond-elle pas. Et surtout, peut-on vraiment réduire l'ambition d'Edgar Degas à celle d'un ethnographe des milieux populaires ? Même si un critique comme Charles Ephrussi a pu dire de cette statuette qu'elle était « de science exacte », le désir de l'artiste poursuit-il une vocation scientifique ? A-t-il le projet d'une description clinique destinée à documenter une sorte de « délit de faciès » avant l'heure ? C'est difficile à croire, surtout de la part de Degas, si attaché à son art.

En revanche, il n'est pas impossible que l'artiste poursuive un but moral. Après tout, Degas, dans les écrits de ses proches, a souvent été décrit comme un « moraliste ». « L'art, a-t-il dit, n'est pas ce que vous voyez, mais ce que vous faites voir aux autres. » En sculptant en criminelle cette petite danseuse, ne tend-il pas un miroir aux spectateurs qui poussent des cris à sa vue ? Ceux qui décodent les signes émis par la statuette – mal, vice, perdition – n'ont-ils pas ainsi l'occasion de les interpréter à l'aune de leur propre vie ou de la société qu'ils ont construite ? Cette enfant maladive n'aurait-elle pas un autre destin s'il n'y avait pas d'hommes pour la dévoyer ni de femmes pour la mépriser ? En effet, si Degas a accentué son côté animal, il a pris soin d'en faire autant avec les clients des bordels qu'il a peints – messieurs ventripotents à groin de cochon et front bas – dans le même souci de dénoncer l'hypocrisie sociale. Car n'est-ce pas un abonné de l'Opéra qui, dans le roman de Richard O'Monroy, explique cyniquement : « J'ai la passion des débutantes, des petits rats encore dans la misère. Il me plaît d'être le Mécène qui découvre les talents naissants, qui, en dépit des salières et des mains rouges, devine les rondeurs futures[50] » ? Ce sont bien ces hommes respectés qui, à leur manière, modèlent des Marie Van Goethem et créent des «criminelles» – des victimes, en réalité. Et la gêne de nombreux visiteurs de l'exposition de 1881 provient de ce qu'ils sont eux-mêmes des abonnés de l'Opéra, qui voient soudain l'objet de leurs désirs privés étalé publiquement, et comme enlaidi par leur propre perversion. En outre, Degas a demandé à Marie de poser pour d'autres sculptures ou tableaux dont le sens est fort différent. Ainsi, son visage est très reconnaissable dans une statuette appelée *L'Écolière*, modelée vers 1880, soit à la même époque que la *Petite Danseuse*. Une jeune fille bien mise, en chapeau et non en cheveux, en jupe longue et non en tutu, porte des livres à la main. Rien de choquant, rien de «vicieux». Voilà donc ce qu'aurait pu devenir Marie si la nécessité économique et les inégalités sociales ne l'en avaient empêchée, voilà ce qu'elle aurait dû devenir, sous ces mêmes traits supposément criminels : une charmante écolière. Au cours de sa carrière, le peintre a eu divers modèles de dix-huit à vingt-cinq ans. En choisissant Marie Van Goethem et en précisant son âge, quatorze ans, Degas souligne ce qui devrait frapper les esprits : c'est une enfant. Une petite fille à peine pubère et déjà perdue aux yeux de tous. S'il choisit de révéler sa laideur, sachant que, pour le public de son temps, laideur physique et laideur morale ne font qu'un, c'est dans le but de déranger. Il veut faire voir la réalité et non flatter le goût du bourgeois. Il y parvient au-delà de ses espérances : sa représentation d'une telle fillette inquiète d'autant plus que, dans cette France vaincue, l'opinion attribue volontiers la victoire de la Prusse à la supériorité de la formation intellectuelle et morale de sa jeunesse – c'est ce qui se lit dans les pages des journaux, ce qui se dit au comptoir des cafés. Le bourgeois du XIXe siècle – mais n'est-ce pas le propre du bourgeois universel ? – s'affole d'imaginer les générations neuves aussi dépourvues de principes, et donc capables de le détruire. Degas vient réveiller son angoisse.

Dans les pages qu'il lui a consacrées, l'écrivain Jacques-Émile Blanche le compare à ses contemporains. Il l'oppose par exemple au peintre Gustave Moreau, célèbre pour ses Salomé, qui, dit-il, s'est réfugié dans les mythes, les symboles et l'abstraction parce que son « peu d'humanité » l'écartait « de la vie et de la laideur », tandis que Degas s'est emparé des sujets les plus apparemment vulgaires pour en extraire une beauté « non encore vue par les peintres ». Moreau et Degas, ajoute J.-É. Blanche, étaient tous deux des « Savonarole de l'esthétique », de grands travailleurs attachés à la forme parfaite. Mais l'esthétique n'avait pas la même finalité pour l'un et l'autre. Gustave Moreau officiait pour captiver et séduire. Au contraire, écrit J.-É. Blanche en une formule mémorable, « Degas ne séduisait pas : il faisait peur[51] ». De la part d'un artiste bien né comme il l'était, la provocation n'en avait que plus de poids. Déranger pour donner à penser, assurer à l'art une fonction critique, le mettre au service de la vérité, fût-elle cruelle : telles sont les visées d'Edgar Degas, et son extrême modernité. Il l'exprime à propos de la *Vénus et l'Amour* de Rembrandt, notant avec admiration dans ses *Carnets* : « Il y a mis l'élément de surprise qui nous fait réfléchir et amène dans notre esprit l'idée du drame que renferment toutes les œuvres où la vérité sur la vie est dite sans ménagements[52]. » Comment ne pas appliquer ce jugement à la *Petite Danseuse de quatorze ans* ? Il s'agit bien pour Degas, avec cette sculpture, de susciter un étonnement, un choc salutaire qui ouvrent la conscience du spectateur en lui présentant non pas une œuvre élégante destinée à flatter son goût esthétique mais le drame d'une société, auquel il contribue. C'est du reste bien l'effroi qui anime les premiers critiques de l'œuvre en 1881, tel Louis Énault : « Elle est absolument terrifiante, commente-t-il. Jamais on n'a représenté si tristement le malheur de l'adolescence. » Pour Degas, « la vérité sur la vie » n'est pas, comme le dira Michel Leiris à propos d'une certaine littérature esthétisante, dans « les grâces vaines de ballerine », mais dans le destin tragique et déjà tracé – tragique parce que déjà tracé – de cette toute jeune fille. La vérité comme fondement de la modernité. Cézanne s'en souvient-il lorsqu'en 1905 il écrit à Émile Bernard sa célèbre promesse : « Je vous dois la vérité en peinture, et je vous la dirai[53] » ?

Quant à l'« élément de surprise » admiré chez Rembrandt, il n'est pas seulement créé, dans la statuette de Degas, par la trivialité du sujet ou ses références explicites à la misère sociale. La facture de l'œuvre constitue en elle-même un grand motif d'étonnement, pour ne pas dire de stupeur. D'abord, le public parisien du XIXe siècle n'a pas l'habitude de voir une sculpture en cire – où sont les marbres de Rodin, les bronzes de Carpeaux ? Certes, les spécialistes connaissent les figurines d'Antoine Benoist, notamment son portrait de Louis XIV, conservé à Versailles, mais ces « marionnettes de cire », selon le mot de La Bruyère, sont passées de mode depuis la fin du XVIIe siècle. Quelques statues polychromes attirent les collectionneurs, mais le public les connaît peu. Et surtout, surtout, à l'exception de deux ou trois madones parées et maquillées dans de rares églises, il n'en a jamais vu vêtue de vrais habits et coiffée d'une perruque en crin de cheval – ou peut-être en vrais cheveux, qui sait ? Plus exactement, il en a l'habitude, mais pas dans un salon dédié à l'art, pas exposée comme une œuvre. Des formes humaines en cire, il en a vu chez des modistes, des couturières, aux vitrines des premiers grands magasins ; il en a vu au musée Dupuytren, abrité par le couvent des Cordeliers, où sont reproduits des corps atteints de pathologies, des fœtus difformes, présentées des répliques d'assassins, où des cires médicales imitent à l'identique de terrifiantes maladies vénériennes ; il en a vu dans des foires pour s'amuser ou dans des expositions universelles, à fins d'anthropologie coloniale : c'est ainsi qu'il a découvert à quoi ressemblaient les indigènes des contrées lointaines ; il en a vu chez Madame Tussauds à Londres, premier musée consacré à des mannequins de cire qui imitent parfaitement, grandeur nature, les traits, la silhouette et les vêtements de personnalités célèbres ; il en a vu ponctuellement entre 1865 et 1867 au musée Hartkoff, passage de l'Opéra, au musée du modeleur Jules Talrich, boulevard des Capucines, qui exposait des statues de personnages littéraires ou mythologiques ; il en verra, dès l'année suivant le Salon, au musée Grévin, conçu à l'exemple de Madame Tussauds. Comme à Londres, la tradition ancienne du masque mortuaire en cire y est renouvelée, mais avec des modèles vivants, grandeur nature, toujours en gloire sous leur meilleur jour et leurs plus beaux atours. Il y verra même une célèbre danseuse de l'Opéra de Paris, justement, dans l'un de ses costumes de ballet, l'étoile espagnole Rosita Mauri, choisie avec quelques autres pour inaugurer ce nouveau lieu parisien, en juin 1882.

Mais là, au Salon des Indépendants, le spectateur se sent presque offensé. Il n'est pas à la foire ou chez le marchand de jouets, pas chez sa modiste ; il n'est pas à une exposition coloniale, en quête d'exotisme ; il n'est pas là pour avoir peur face à des monstruosités anatomiques. Non : il vient découvrir les œuvres d'art de son temps. Et qu'aperçoit-il sous une cage de verre, présentée sur un tissu satiné comme un objet ou une curiosité ethnologique ? Une poupée, une vulgaire poupée en cire ! Un peu plus grande qu'une poupée, certes – elle mesure un petit mètre, la taille d'une enfant de trois ans –, d'une teinte moins pâle, qui cherche moins à imiter la peau, mais indigne enfin d'un sculpteur. Rodin aurait-il l'idée d'attifer ainsi ses statues ?! C'est insensé. Huysmans a beau rappeler les sculptures polychromes espagnoles, tenter de conférer à la *Petite Danseuse* une dimension sacrée en la comparant au Christ de la cathédrale de Burgos « dont les cheveux sont de vrais cheveux, les épines de vraies épines, la draperie une vraie étoffe[54] », cela ne suffit pas. Elle n'a même pas la joliesse des tanagras peintes qu'on peut admirer au Louvre depuis une dizaine d'années. Quelques spécialistes soulignent bien que la technique de la cire perdue utilisée par Degas a été inventée par les fondeurs de bronze égyptiens de l'Antiquité, qui avaient aussi coutume de colorer leurs sculptures, et rapprochent ainsi la

Petite Danseuse du *Scribe assis*, chef-d'œuvre du Louvre : rien n'y fait ! Pour la majeure partie du public, la statuette ne relève pas de la création artistique mais de la culture de masse, comme ces poupées qu'on fabrique à la chaîne depuis le milieu du siècle. À bien y réfléchir, il y en a même de beaucoup plus belles que celle-ci, avec des chevelures soyeuses et des yeux en verre coloré, peintes à la main ; certaines sont automatisées – l'Exposition universelle de 1878, à la pointe de la technologie, a présenté une gitane qui danse, une fillette qui marche, un enfant qui pleure. La France de l'époque a une passion pour les poupées. Beaucoup de tableaux peints à cette époque par Renoir, Gauguin, Pissarro ou Cézanne en comportent. Les petites filles riches ont bien ri ou bien pleuré (et moi aussi, cent ans après) quand, dans *Les Malheurs de Sophie*, la poupée en cire de la jeune héroïne fond lamentablement dans l'eau chaude du bain qu'elle a voulu lui donner ! Celle que Jean Valjean achète à Cosette a marqué les esprits posés et tiré des larmes aux autres : « Le marchand avait placé, sur un fond de serviettes blanches, une immense poupée haute de près de deux pieds qui était vêtue d'une robe de crêpe rose avec des épis d'or sur la tête et qui avait de vrais cheveux et des yeux en émail. Tout le jour, cette merveille avait été étalée à l'ébahissement des passants de moins de dix ans, sans qu'il se fût trouvé à Montfermeil une mère assez riche, ou assez prodigue, pour la donner à son enfant[55]. » Tout Paris pour la belle a les yeux de Cosette. Le manufacturier Montanari fait fortune avec la confection de poupées et de figurines en cire, les entreprises Schmitt et Jumeau rivalisent d'ingéniosité pour créer des mécanismes subtils, des costumes de plus en plus réalistes – mexicains, indiens… –, flattant la curiosité anthropologique du public ou son goût voyeur pour l'exotisme et les « sauvages ». Selon Paul Lafond, son premier biographe, Degas lui-même collectionne des poupées napolitaines en costume folklorique dans sa salle à manger. Il fréquente assidûment le théâtre de marionnettes des Tuileries. Il ne cache pas s'être longuement renseigné sur la fabrication des poupées, tout comme sur le fonctionnement des automates et les recherches d'Étienne-Jules Marey appliquées au mouvement, de même qu'il reconnaît volontiers avoir eu recours à Mme Cusset, perruquière réputée, pour créer la queue-de-cheval à ruban de sa danseuse. Mais, encore une fois, quel rapport avec les beaux-arts ? se demande le public. Le critique d'art George Moore, grand admirateur des cires de Degas, répondra plus tard à cet argument négatif : « Étranges poupées – poupées si vous voulez, mais poupées modelées par un homme de génie[56]. » En attendant, la polémique fait rage.

Et puis, enfin, cette statuette habillée a quelque chose d'obscène aux yeux des visiteurs. Autant ceux-ci s'extasient devant la *Vénus de Milo*, les danseuses de Rodin – sculpteur lui aussi fasciné par leurs mouvements – ou toute autre statue de femme au corps offert, autant le vêtement qui couvre la Petite Danseuse les choque. Car si elle porte des vêtements, c'est que, *dessous*, elle est nue ! Le modèle a posé nue, comme c'est l'usage dans nombre d'ateliers et d'écoles de dessin, mais d'ordinaire on l'oublie ou on l'accepte au nom de l'intérêt supérieur de l'art. La nudité de la statuaire antique ne choque personne. En peinture, bien sûr, il y a eu de récents et mémorables scandales, à commencer, en 1863, par celui de l'*Olympia* de Manet ou du *Déjeuner sur l'herbe*, avec cette femme nue au premier plan, qui vous regarde d'un air moqueur, sans parler de Courbet. Des femmes nues d'aujourd'hui, non des Ève, des déesses, des allégories de la Vérité, mais des contemporaines qu'on pourrait croiser dans la rue, voilà ce qui est intolérable aux yeux du public. Paradoxalement, les accessoires qui parent la Petite Danseuse désignent l'essentiel ; le nu vêtu est plus obscène que le nu, le visible suggère le caché. La nudité est voilée mais on est contraint d'y penser, les conditions mêmes de la création artistique viennent parasiter l'esprit, les tabous de la bohème et du modèle dépravé refont surface avec la honte et la haine.

Ainsi Degas franchit-il, avec cette sculpture, une double frontière symbolique : celle de la bienséance et celle des règles académiques de l'art. Il accomplit une révolution à la fois morale et esthétique, il brise les tabous. D'une part, il choisit un sujet sulfureux, qui heurte les bonnes mœurs ; d'autre part, il sape les fondements mêmes de la statuaire. Si Huysmans salue en Degas celui qui, rejetant « l'étude de l'antique et l'emploi du marbre, de la pierre ou du bronze », sauve son art d'un académisme mortifère, les gardiens du temple, à l'inverse, reprochent à Degas de « menacer l'identité même de la sculpture »[57]. « C'est à peine une maquette », prétendent-ils. Une simple marchandise, comme on peut en acheter dans les bazars. Il est du reste notoire que Degas appelle ses œuvres des « articles » ou des « produits ». Ce refus affiché de l'élitisme choque profondément les tenants de l'art pur. Le très conservateur critique Anatole de Montaiglon a l'ironie prémonitoire lorsque, scandalisé par la vitrine de mode de Mme Demarest qui fait fureur lors de l'Exposition universelle de 1878, il écrit : « Ces mannequins habillés des boutiques de vêtements deviendront bientôt le dernier cri de l'art[58]. » Au fond, ce qui dérange le plus, c'est de ne pouvoir faire entrer cette *Petite Danseuse* dans aucune catégorie ferme. Elle est tout et son contraire : le modèle est une enfant, mais elle a l'air d'une criminelle ; une danseuse, mais elle est sans élégance – à la fois « raffinée et barbare[59] », note Huysmans, « faite de salauderie populacière et de grâce[60] ». Trop grande pour être un jouet, trop petite pour figurer une fille de quatorze ans, elle hésite entre l'œuvre d'art et l'objet courant, la statue et le mannequin, la poupée, la miniature, la figurine ; elle avance un pied funambule sur le fil qui sépare les beaux-arts de la culture de masse, la poésie de la prose, elle est à la fois classique et moderne, réaliste et subjective, esthétique et populaire, vulgaire et belle. « Cette petite créature énigmatique à la fois rusée et indemne[61] » propose différentes interprétations sans se réduire à aucune, elle s'oppose à tout enfermement autre que celui de sa cage de verre. Celle-ci même résiste à l'explication simple : d'ordinaire, dans les musées, seuls les objets sont présentés sous verre, derrière des vitrines ; ou certains animaux empaillés par des taxidermistes – d'où le mot de « cage » souligné par certains (d'autres osent celui de « bocal »), qui le jugent très approprié pour cette « bête ». Le tissu même sur lequel elle repose excite les spéculations : le socle d'une statue est normalement dépourvu de ce genre de parure réservée aux étalages des commerces. (Que la poupée de Cosette s'y détache, soit. Mais la statue de Degas !) Le tissu satiné évoque aussi le récent tableau de Courbet, *L'Origine du monde*, où un sexe de femme s'offrait aux regards sur une semblable étoffe blanche. Le tableau n'a pas été exposé au public, mais quelques privilégiés, dont Degas, l'ont peut-être vu. Pour les spécialistes, la connotation obscène est évidente et volontaire. D'un autre côté, quoique dans la force de l'âge, Degas vit déjà en quasi-ermite, reclus dans son atelier, sa réputation n'est pas entachée de scandale comme celle de Courbet, il est au-dessus de tout soupçon de dépravation. En séparant sa statue du public par un obstacle transparent, en empêchant qu'on la touche, Degas n'affiche-t-il pas au contraire une pudeur hautaine qui rend à l'œuvre sa valeur, sa rareté, voire sa dimension sacrée ? On ne sait plus que penser.

Même ceux qui défendent l'œuvre et y voient « la première formule d'un art nouveau[62] », selon l'expression de Nina de Villard, sont déstabilisés dans leurs habitudes de classification. La *Petite Danseuse* est volontiers présentée comme « la première sculpture impressionniste ». Mais ne s'agit-il pas là davantage, songent-ils, d'une forme extrême de réalisme ?

Si Degas est rangé parmi les Impressionnistes, c'est parce qu'il a participé au mouvement sécessionniste qui, au début des années 1860, a constitué le groupe contre l'académisme en vigueur. Ne pouvant exposer dans les salons officiels, plusieurs peintres, dont Renoir, Monet et Manet, obtiennent en 1863 la tenue d'un salon parallèle, nommé Salon des Refusés. Mais ce salon lui-même ne tient que quelques années face aux violentes attaques dont il est l'objet. Edgar Degas rejoint Claude Monet, Auguste Renoir, Paul Cézanne, Berthe Morisot, Alfred Sisley et Camille Pissarro qui, las de l'hostilité des instances officielles, se sont regroupés en association afin d'organiser leur propre exposition. En décembre 1873, ils prennent le nom de Société anonyme des artistes peintres, sculpteurs et graveurs, rebaptisés ironiquement Impressionnistes par un critique révulsé après avoir vu la toile de Monet, *Impression, soleil levant*. Les Impressionnistes : ce nom leur restera, au grand dam d'Edgar Degas qui avait proposé « les Intransigeants » et parlait plutôt de « mouvement réaliste ». Tout Degas est dans cet écart, au fond. Les critiques le perçoivent bien, du reste. « Le voisinage ne crée pas la parenté », notent-ils, et bien que Degas expose avec Pissarro, Sisley, Monet, « il n'est point de la maison »[63]. Son ami Jacques-Émile Blanche le souligne dans son recueil de souvenirs : « On appelle M. Degas un "impressionniste", parce qu'il fut de ce groupe de peintres que Claude Monet baptisa ainsi ; mais M. Degas y était à part. Il appuie, au lieu de "suggérer" par signes sommaires, ou équivalents, comme font ces paysagistes qui, n'osant encore donner leurs esquisses pour des "tableaux", les cataloguèrent "impressions"[64]. »

Il appuie au lieu de suggérer. Il ne séduit pas, il fait peur. Il convient de rapprocher ces deux formules de J.-É. Blanche. Elles expriment l'essence du travail de Degas, au moins dans ces années-là : il appuie et il fait peur. Il appuie pour faire peur. Il « impressionne », mais d'une autre façon que ses amis peintres. Huysmans, dans la ligne suivie par J.-É. Blanche, l'oppose à Gustave Moreau, dont l'œuvre, écrit-il, est « indépendante d'un temps, fuyant dans les au-delà, planant dans le rêve, loin des excrémentielles idées sécrétées par tout un peuple ». Au contraire, poursuit le féroce critique, Degas appartient à cette famille de peintres « dont la cervelle est peu nomade, dont l'imagination casanière se rive à l'époque actuelle » et dont l'œuvre est tout entière occupée de « ce milieu qu'ils abominent, ce milieu dont ils scrutent et expriment les laideurs et les hontes »[65]. Où l'on reconnaît l'éternelle querelle artistique et littéraire entre les tenants de l'imagination et les acharnés de la réalité. Pour Huysmans, non seulement Degas fait partie des seconds, mais il en est l'un des maîtres les plus personnels, « le plus térébrant de tous », suscitant par son « attentive cruauté », « la sensation de l'étrange exact, de l'invu si juste, qu'on se surprend d'être étonné »[66]. Degas lui-même, quoique très admiratif du travail de Gustave Moreau, a la flèche assassine quant à la bimbeloterie chimérique de ses tableaux : « Il veut nous faire croire que les Dieux portaient des chaînes de montre à double breloque[67]. » Mais s'il se distingue d'artistes comme Moreau, inspirés par la mythologie et l'idéal, il n'est pas pour autant assimilable à l'école impressionniste qui prend alors son essor. Certes, les Impressionnistes s'affranchissent comme lui des grands sujets historiques, mythologiques ou religieux, de la pompe de leurs prédécesseurs. Renoir, par exemple, sortant de la salle de sculpture du musée du Luxembourg, dira fuir « ces statues affolées et trop blanches[68] » dont la *Petite Danseuse* est l'exact opposé. Degas partage aussi leur goût pour les scènes contemporaines, et surtout leur inventivité technique, leur liberté créatrice ; mais, outre le fait que, contrairement à eux, il déteste travailler en plein air et est passionnément attaché au dessin, donc au contour, il témoigne d'une vision infiniment moins légère de ce qu'il observe avec infiniment moins de douceur. Autant Claude Monet et Camille Pissarro expriment leur émerveillement face à la nature et à ses jeux de lumière qui diluent la vision, autant Mary Cassatt, Auguste Renoir ou Berthe Morisot livrent de charmantes scènes bourgeoises et familiales où femmes et enfants affichent leur beauté, autant Edgar Degas saisit la réalité sans filtre et suscite des sensations qui n'apaisent pas. Il interroge la société. En ce sens, il est beaucoup plus réaliste qu'impressionniste. Ses contemporains lui reprochent même de l'être de façon outrancière. Certes, il est bon d'abattre « la cloison qui sépare l'atelier de la vie commune[69] » mais on le trouve excessif dans l'application de la « loi suprême du Naturalisme » qui consiste à exagérer la vraisemblance de la laideur physique et morale. Ses amis eux-mêmes déplorent sa pente à toujours « chercher dans le réel le grain défectueux[70] ». Si l'on s'en tient par exemple à la représentation de l'enfance, quoi de commun entre la *Petite Danseuse de quatorze ans* et le tableau intitulé *Eugène Manet et sa fille dans le jardin de Bougival*, peint la même année par Berthe Morisot, ou *L'Enfant à l'oiseau* de Renoir, qui montrent de jolies petites filles heureuses et préservées ? On a pu parler à ce sujet de la « cécité sociale » des Impressionnistes, qui les éloigne de Degas. Celui-ci, quoique bourgeois réputé hautain, se rapproche plus ici de prédécesseurs comme Millet, attentif à la pauvreté rurale, ou de contemporains un peu tombés dans l'oubli, tels que Fernand Pelez, peintre des enfants mendiants.

Il est donc difficile d'accepter la qualification de « première statue impressionniste » pour la *Petite Danseuse*, d'autant plus que la technique même de la sculpture, sa nature tridimensionnelle et ses accessoires accentuent encore sa dimension réaliste. C'est aussi une œuvre dont le matériau précaire correspond à l'état de la société qu'elle reflète, et qui prend place dans une époque où le courant naturaliste le plus âpre est prépondérant en littérature. Souvenons-nous toutefois qu'Émile Zola lui-même, quoique chef de file de cette école, a rejeté ce qu'il appelait le « réalisme photographique » de la peinture. En 1878, il critique la toile de Caillebotte, *Les Raboteurs de parquet*, à laquelle il reproche d'être « bourgeoise à force d'exactitude[71] », avant de s'adoucir quelques années plus tard et de louer chez lui le « courage » de la vérité. C'est évidemment le talent qui fait la différence entre un vérisme platement minutieux et le réalisme inspiré – la palette du peintre Degas, par exemple, ses verts, ses bleus, ses roses sont fort éloignés de la nature. Il cherche la réalité, sans doute, mais « il demande du neuf au réel[72] ». Pour lui, comme le clamait Delacroix, « tout est sujet », il n'y a pas de thème marginal ou vulgaire. Plutôt qu'Impressionniste, Degas aurait souhaité prendre le nom d'Intransigeant. On comprend pourquoi : il ne transige pas avec la vérité. Dépourvue de tout effet destiné à embellir le réel, sa statuette, comme les romans de Zola ou de Maupassant, heurte le goût bourgeois, déçoit l'imagination et propose un art « élagué de toute chimère », qui a sans doute sa place, selon les mots du critique Paul Mantz, « dans l'histoire des arts cruels[73] ». Au contraire de la plupart des Impressionnistes, il ne met pas en valeur la beauté classique dont les anciens maîtres ont montré l'idéalité. Comme le souligne le critique d'art Joseph Czapski, « Degas a *découvert* une autre beauté dans la réalité qui l'entourait […], une beauté inédite, tragique[74] ». Il va même plus loin, lui imputant « la découverte de la *laideur*, que le peintre change en beauté de l'œuvre, de la bassesse, de la brutalité qui devient, *transposée*, une œuvre parfaite[75] ». Si Degas a brisé l'harmonie qui prévalait chez ses prédécesseurs admirés, c'est pour exprimer, poursuit Czapski, le « drame moral de l'époque […], les bouleversements matériels et spirituels de son époque, et ça c'est sa grandeur ». Mais, conclut-il, « moralement, philosophiquement, religieusement, c'est un écroulement de quelque chose, un drame »[76].

Ce drame, Marie en a été l'exemple, le témoin, le modèle, le fétiche, le symbole. Si le chef-d'œuvre de Degas, dans sa modernité, marque une rupture esthétique, « l'écroulement de quelque chose » correspond à la réalité de quelqu'un : Marie était là, elle est dans l'œuvre. C'est pourquoi l'histoire de la *Petite Danseuse de quatorze ans* ne peut s'achever ici. Ce qui nous manque encore, ce qui me fait défaut, à moi qui cherche à tout connaître d'elle, c'est une chose qui n'est ni morale, ni philosophique, ni religieuse, ou plutôt est tout cela ensemble. Sous la matière et sous les commentaires, ce qui manque, c'est son âme. Le spectre de Degas aussitôt se rebiffe, lui qui récusait avec vigueur les « états d'âme ». « Nous ne parlons pas un langage si préten- tieux », disait-il, revendiquant seulement des « états d'yeux »[77]. Certes, le mot est désuet, empreint de religiosité – et la chose peut-être introuvable – mais il convient à toute œuvre d'art, au-delà du sensible. La statue ne peut se contenter d'incarner une époque, un état de la société, une esthétique, ni même une modernité, voire une avant-garde. Ce qui fait d'elle une œuvre universelle, c'est précisément ce qui échappe à toutes ces significations, si fortes et essentielles soient-elles, ce qui les dépasse ; à l'autre extrémité, c'est ce que chacun peut y trou- ver pour soi-même, en dehors du temps, accordé à son récit personnel.

Huysmans, évoquant le réalisme de Degas, le définit comme « un art exprimant une surgie expansive ou abrégée d'âme, dans des corps vivants, en parfait accord avec leurs alentours ». Zola, de son côté, écrit de l'œuvre d'art qu'elle est « un coin de la création vue à travers un tem- pérament[78] ». Marie Van Goethem est ce coin de la création – un modeste fragment, peu visible et peu attrayant –, Degas est ce tempérament, visuel, tactile, et très solitaire. Que font-ils ensemble ? Pourquoi sont-ils là tous les deux ? Quelle « surgie d'âme » ou quel esprit naît de ce couple, par quel mystère, par quels détours, par quel désir ? Que se passe-t-il dans ces corps vivants dont la rencontre va donner naissance à une œuvre et lieu à un avenir d'eux-mêmes ?

II

Sait-on ce qu'on touche ? Sait-on comment c'est fait ? C'est un mystère.

Edgar Degas

Une femme, c'est-à-dire une question, une énigme pure.

Julien Gracq

Edgar Degas et Marie Van Goethem. L'un est né en 1834, l'autre en 1865. Ils sont dans l'atelier, rue Fontaine, deux corps vivants que trente et un ans et tout séparent. Il n'a pas d'enfant, elle a l'âge d'être sa fille. Il l'a choisie parce qu'elle a quatorze ans et n'en paraît que douze, parce qu'elle n'est ni très belle ni très raffinée, parce qu'elle a ce petit air d'insolence qu'ont volontiers les filles qui n'ont rien d'autre à opposer au monde et à leur mère. Voit-il en elle « cette pointe de laideur sans laquelle point de salut[79] », ainsi qu'il l'écrivait à Henri Rouart à propos des jolies femmes de La Nouvelle-

Orléans ? Aime-t-il son physique banal, parce que, à ses yeux, « c'est le commun qui est la grâce[80] » ? Ou bien est-elle, comme on l'a supposé, plus charmante qu'il ne la montre, son visage est-il moins primitif ? Après tout, Degas est réputé peindre sans embellir, et même en enlaidissant, surtout les femmes – au point que Manet, furieux du visage disgracieux que Degas avait donné à son épouse sur un portrait peint en 1866, alla jusqu'à mutiler l'œuvre en découpant la portion de toile qui lui déplaisait ? Degas ne s'intéresse guère aux clichés de la beauté féminine. Certes, il emploie d'autres modèles, des jeunes femmes plus élégantes et mieux rodées à cet exercice ingrat, telles que la célèbre Ellen Andrée, également modèle favori de Renoir et Manet, ou Eugénie Fiocre, ballerine à l'Opéra. Mais aucune ne correspond à l'idée de la statue qui habite son esprit au moment où il s'y attelle, vers 1879. Il lui faut ce petit rat dont il connaît la pauvreté et où il reconnaît, pour reprendre les termes d'un de ses poèmes, « la race de la rue[81] ».

Le premier jour de pose, il a fallu composer avec la mère de Marie, à la fois avide de voir quel parti tirer de ce nouvel emploi pour sa fille et désireuse de préserver des apparences de respectabilité. À l'Opéra comme à l'atelier, les mères prétendent surveiller les jeunes recrues tout en évaluant le potentiel des messieurs. Edgar Degas n'a pas la réputation d'un Renoir ou d'un Corot, pour qui une œuvre est achevée quand on a envie de coucher avec le modèle. C'est un quadragénaire d'un abord grave, voire hautain, qui n'est pas connu pour faire assaut de galanterie auprès des femmes. D'ailleurs, son aînée a déjà posé pour lui sans dommage… ni avantages. Il a lui-même perdu sa mère à l'âge de treize ans, il n'est pas marié et vit seul avec sa gouvernante, Sabine Neyt, qui mourra en 1882, aussitôt remplacée par Zoé Closier, autre fidèle servante. Une femme qui prépare ses repas, tient son ménage et lui lit le journal, voilà toute sa compagnie. Mais Mme Van Goethem insiste pour assister à la séance de pose. Des noceurs célibataires, elle en a connu plus d'un ! Dieu sait quelle lubie peut les prendre ! L'artiste refuse. Il ne veut pas d'une commère qui bavarde et l'empêche de se concentrer. Il a besoin d'être seul avec son modèle. La mère finit par accepter sa proposition de rester dans l'appartement, à l'office, avec la bonne. L'essentiel est de négocier le meilleur salaire possible, supérieur à celui de l'Opéra. Assez vite, elle n'accompagnera plus sa fille.

Degas parle-t-il à Marie lors de cette première séance de pose ? Lui explique-t-il son projet ? Certes, il a la réputation d'être à la fois un esprit brillant, fertile en réflexions profondes et un causeur hors pair, amateur de jeux de mots et de railleries. Mais pour lui, « les Muses travaillent tout le jour. Le soir venu, [...] elles dansent : elles ne parlent pas[82] ». Du reste, pourquoi ferait-il à une fillette « ratée à la cuisson[83] » et presque illettrée l'offrande de cette conversation subtile qui séduit le poète Stéphane Mallarmé et inspirera à Paul Valéry des pages éblouies ? Comment attacherait-il de l'importance à un échange avec ce petit rat mal dégrossi, lui qui semble envelopper tout le genre féminin dans une défiance intellectuelle confinant au mépris ? N'est-ce pas Degas qui, commentant sa *Visite au musée*, toile peinte à la même époque, expliquera avoir voulu « exprimer l'ennui, l'accablement [...], l'absence totale de sensations que les femmes éprouvent devant des tableaux » ? Degas n'échappe pas, semble-t-il, à la misogynie qui fleurit en cette fin de siècle, portée par des écrivains tels que les frères Goncourt ou J.-K. Huysmans. Dans son recueil intitulé « Certains », ce dernier ironise à propos des « dames qui, comme chacun sait, s'intéressent vivement à la peinture – et la comprennent autant que la littérature – ce qui n'est pas peu dire[84] ». Si, dans cette lignée, Degas ne prête aux dames bien nées aucun sens esthétique ni même la moindre émotion, on le voit mal justifier et développer ses « calculs d'art[85] » auprès de Marie. Il lui dit plutôt d'un ton bourru ce qu'il attend d'elle, comme à l'employée qu'elle est, après tout, à 4 francs par jour. À charge pour elle, ensuite, de faire preuve de plus d'esprit qu'il ne lui en suppose, ou au moins d'un sens de la repartie dont la gouaille parisienne n'est pas dépourvue. Alors ils pourront rire ensemble, quelquefois.

Lui ayant demandé de revêtir son costume de danse, il n'hésite pas longtemps à définir sa posture. Il y a déjà rêvé après l'avoir vue au théâtre, en a déjà les lignes dans son esprit, là où « l'imagination collabore avec la mémoire[86] ». Il ne veut pas lui faire faire une arabesque, un entrechat, un geste chorégraphique compliqué – d'ailleurs, elle ne pourrait pas longtemps « donner la pose » ainsi. L'attitude qui s'est imprimée dans sa conscience emprunte davantage à l'enfance qu'à la danse et il l'a en tête depuis près de vingt ans. En effet, au premier plan d'une toile datée de 1860 – Marie n'est pas encore née –, intitulée *Petites Filles spartiates provoquant des garçons*, le personnage féminin inspiré de la lecture de Plutarque a déjà ce mouvement de léger retrait, une jambe en avant et les bras en arrière, comme si la jeune fille encore immature hésitait entre deux désirs contraires vis-à-vis des garçons qui lui font face. Ce tableau de jeunesse, parfois appelé aussi *Les Jeunes Filles et les Jeunes Hommes de Sparte s'engageant dans une lutte*, où l'on peut lire une métaphore du rapport entre les sexes, touche particulièrement son auteur puisque c'est celui que pendant des années il choisira d'exposer aux yeux des visiteurs sur un chevalet de son atelier – c'est aussi, selon le témoignage de Daniel Halévy, l'œuvre qui l'accompagnera jusqu'à la fin, dans sa chambre mortuaire, laissant à penser que cette ligne *contrapposto* a été sa dernière image. Degas capte-t-il dans cette posture une sorte d'essence du féminin en formation, un entre-deux sensible qu'il éprouve peut-être aussi lui-même, à mi-chemin de l'avance et de la réserve, de l'attirance et du refus, en un paradoxe intime ? On la retrouve en tout cas, au fil du temps, avec de légères variantes, dans plusieurs de ses œuvres, et c'est le dessin de cette silhouette qui reste à nos yeux la signature secrète d'Edgar Degas – sa *cosa mentale*.

Degas montre à son modèle comment poser, il mime le geste. « C'était vraiment très amusant de le voir, sur le haut de ses pointes, les bras arrondis, mêler à l'esthétique du maître de danse, l'esthétique du peintre », raconte Edmond de Goncourt dans son *Journal*[87]. Ensuite, il rectifie la pose sur le modèle lui-même. Il touche ses bras pour les placer en arrière, puis sa jambe droite qu'il ajuste en vue de créer une ligne oblique, relève son menton selon l'orientation souhaitée. Marie doit ensuite tenir la pose, et la retenir aussi, être capable, lors des séances suivantes, de la restituer avec exactitude. Le maître insiste bien sur ce point : poser est un travail sérieux, on n'est pas là pour bayer aux corneilles. Souvent, il la reprendra, « Vous êtes avachie, tenez-vous mieux ! », « plus étiré, le cou », « les bras mieux tendus » et elle rectifiera la position, comme aux répétitions... Elle ne se plaint pas, c'est une pose de repos – pas tout à fait pourtant, car les bras tirés en arrière n'ont rien de naturel, elle préférerait caler ses mains sur ses hanches, mais enfin ce pourrait être pire. Elle tient fermement sa quatrième position, sans broncher. De son côté, Degas pourrait, comme le font déjà de nombreux artistes, travailler d'après photographie. Delacroix, son idole, le recommande aux peintres dès les débuts de cette nouvelle technique, afin d'éviter notamment de payer des modèles. Mais pour un sculpteur, c'est différent. Degas a besoin que Marie soit là, et qu'elle revienne. Quand la pose est réglée, il fait des croquis d'elle sous tous les angles, des dessins rehaussés à la craie, des esquisses au pastel sur du papier de couleur – aujourd'hui bruni –, où l'on est ému de reconnaître le ruban aux cheveux et surtout, en haut de la feuille, son nom à l'orthographe incertaine, tracé de la main de Degas : Marie Vangutten, et son adresse, 36 rue de Douai. Cet effet de réel est troublant, il nous fait accéder à un instant de pure présence : nous sommes dans l'atelier, et Degas note les coordonnées de son petit modèle, de peur de les égarer. C'est le début de leur aventure commune.

Les nombreuses esquisses préparatoires montrent les difficultés techniques rencontrées par le sculpteur. Il a réalisé vingt-six études de la *Petite Danseuse*, nue ou vêtue, en adoptant une vingtaine de points de vue différents. Il a du mal, par exemple, à représenter le pied gauche vu de dos, s'y reprend à plusieurs fois, il ne faut pas qu'il ait l'air déformé. Et comment parvenir à ce que la courbe des bras semble naturelle de quelque côté qu'on les regarde ? De plus près, il exécute aussi de nombreux dessins du visage de Marie. Sur les *Quatre études de danseuse*, on la voit de face, jolie brune aux joues rondes, aux yeux grands ouverts, au regard profond. Sans doute est-on là au plus juste de sa véritable apparence, tandis que sur les autres dessins ses traits sont plus vulgaires.

Pourquoi Degas décide-t-il de sculpter plutôt que de peindre son modèle ? Ses « mauvais yeux » sont la raison qu'il avance souvent dans un premier temps. Si « la vision est palpation par le regard[88] », il lui faut maintenant privilégier d'autres sens. « J'éprouve plus que jamais le besoin de traduire mes impressions de la forme en sculpture », expliquera-t-il au critique d'art François Thiébault-Sisson[89]. Sa vue ayant beaucoup baissé, il a en effet davantage des « impressions de la forme » qu'une vision nette des contours – et c'est en cela que le terme d'« impressionniste » peut au fond lui convenir. Cependant, d'autres désirs l'aiguillonnent. Dessiner une figure de danseuse, dit-il, c'est « faire illusion

un instant », mais pour n'aboutir qu'« à une silhouette sans épaisseur, sans effet de masse, sans
volumes, et qui manquera de justesse ». La justesse, voilà le grand mot, et cet autre, plus grand
encore : la vérité. « La vérité, vous ne l'obtiendrez
qu'à l'aide du modelage, parce qu'il exerce sur
l'artiste une contrainte qui le force à ne rien
négliger de ce qui compte[90]. » Le choix de la
sculpture n'est donc pas motivé, comme on le
suppose quelquefois, par l'envie de « se délasser
de la peinture ou du dessin » en reposant ses
yeux. C'est une contrainte mûrement réfléchie
pour obtenir « plus d'expression, plus d'ardeur et
plus de vie » dans son travail de peintre. L'expérience, les sensations produites par la sculpture
doivent apporter plus de vérité à sa pratique
picturale, lui faire saisir quelque chose à quoi
le dessin seul n'accède pas. Au cours de l'entretien avec Thiébault-Sisson, Degas emploie même
le mot étonnant de « document ». S'il a « modelé
en cire bêtes et gens », ce n'est nullement dans
l'intention de vendre ni même de montrer ses
œuvres, prétend-il : « Ce sont des exercices pour
me mettre en train ; du document, rien de plus. »
Un peu plus loin, il utilise le mot « essais » : « On
ne verra jamais ces essais. […] D'ici ma mort,
tout cela se sera détruit de soi-même, et cela vau-
drait mieux pour ma réputation[91] ».

Ces réflexions de 1897 sont un peu déce-
vantes. La *Petite Danseuse* ne serait donc qu'un

« document » ? Degas n'accorderait pas d'importance à cette part quasi honteuse de son travail, réductible à une sorte de brouillon ? Certes, l'atelier de Degas était jonché de morceaux de cire car il recommençait indéfiniment ses « essais » et n'était jamais satisfait du résultat, comme si l'achèvement n'était ni une donnée ni une visée. Pourtant, n'y a-t-il pas dans cette dépréciation de ses sculptures en cire une forme de déni, voire de fausse modestie, de coquetterie ? Ou, s'il est sincère, pourquoi a-t-il exposé sa *Petite Danseuse* en 1881 ? Pourquoi a-t-on retrouvé chez lui cent cinquante autres statuettes, mal conservées il est vrai, mais toutes là, ni jetées ni détruites ?

On peut supposer que ce sont le scandale et la mauvaise réception de la *Petite Danseuse* qui ont amené Degas, devenu très atrabilaire sur la fin de sa vie, à dévaluer ainsi son œuvre en cire en prétendant l'avoir réalisée « pour [s]a seule satisfaction » et non pour le regard du public, au contraire de ses monotypes et peintures. En réalité, au moins pour ce qui est de la *Petite Danseuse*, les études préparatoires laissent plutôt supposer un cheminement inverse : c'est le dessin qui se présente comme un « essai », avec ses corrections, ses reprises, ses ratures. C'est le pastel qui « documente » la future statue. N'oublions pas que si Degas, dès sa jeunesse, a étudié la peinture avec des maîtres, il est totalement autodidacte en sculpture. En fait, réfléchissant à ces deux arts, il semble opposer la surface et la profondeur, la peau et la chair. Il proclame haut et fort que la surface, même lorsqu'une toile en est le support, ne l'intéresse pas, que son art ne consiste pas à « caresser dans un torse l'épiderme » : « Le frisson de la peau, bagatelles ! » s'écrie-t-il. « Ce qu'il me faut, à moi, c'est exprimer la nature dans tout son caractère, le mouvement dans son exacte vérité, accentuer l'os et le muscle, et la fermeté compacte des chairs[92]. » Ce que la main effleure par la peinture, elle l'empoigne par la sculpture. La réalité de la chair vivante passe par le malaxage de la matière. Degas insiste : « Le plus beau dessin, et le plus étudié, reste toujours en deçà de la vraie, de l'absolue vérité, et par là même, il laisse place au chiqué. » La « vraie vérité », il s'en approche grâce au modelage, « parce que l'à-peu-près n'y est pas de mise ». C'est donc bien le dessin qui prépare à la conquête du vrai. Ensuite, les mains touchent le corps, puis elles sculptent la cire pour toucher l'âme.

C'est pourquoi, après avoir exécuté différentes esquisses de Marie en tutu, Degas lui enjoint de se déshabiller. Il faut qu'elle soit nue. Ce n'est qu'ainsi qu'il pourra saisir le mouvement du corps, ses tensions, sa densité. Derrière le paravent prévu à cet effet, elle enlève ses vêtements, qu'elle pose où elle peut. L'atelier est très encombré et très poussiéreux – Sabine n'a pas le droit d'y faire le ménage. Marie est-elle délurée comme on l'imagine aisément, petit rat tôt jeté dans la mêlée, habituée à entendre « des mots sans feuille de vigne[93] » ? Ou bien est-elle douce et soumise, exercée à obéir ? La statuette qui nous reste d'elle nous incline vers la première hypothèse, et les esquisses de son visage plutôt vers la seconde. Est-elle gênée d'apparaître dénudée devant cet homme sévère, seule avec lui dans un capharnaüm de chevalets, cadres, châssis, outils, essences, pointes, poudres, flacons et boîtes, et d'armoires remplies d'œuvres ? En cette fin de siècle à Paris, les modèles qui acceptent de poser nus ne sont pas si fréquents. Le petit rat est un être profondément paradoxal, et c'est pourquoi Degas l'a choisi. Il vit les trois quarts du temps dans un univers factice où la danse et le chant lyrique expriment des tragédies sur fond de décors magnifiques mus par des machineries compliquées et coûteuses. Il évolue, en coulisses comme sur scène, pour le plaisir d'un public élégant et libertin, qui lui fait mesurer toute la hauteur de l'échelle sociale. Lors des spectacles où il a la chance de figurer, il porte ou admire des costumes qui l'amènent à rêver et interprète avec son corps des sentiments universels. Mais il sait à peine lire, doit souvent se taire ou « ne parler qu'avec ses pieds », et finit par rentrer dans son galetas.

Écartelé entre un monde factice et la réalité la plus rude, l'opulence et la précarité, les paillettes et la paillasse, le petit rat, « corrompu comme un vieux diplomate et naïf comme un sauvage[94] », incarne cette tension dont Degas cherche le secret sous ses doigts.

L'âge du modèle crée une autre sorte de tension ou d'incertitude entre l'enfant et la femme, l'innocence et la sensualité, qui fascine l'artiste. Sans ses vêtements, Marie, telle qu'on la reconnaît dans les études de nu faites par Degas, en cire ou au fusain, a l'air très jeune, avec ses grands pieds et sa poitrine plate, on dirait une fillette pas encore formée. Nue, le jeune modèle a d'évidence une forme d'innocence, mais il lui faut trouver comment exprimer toute son ambiguïté, donner vie à cette gamine supposée connaître « le vice et non la vie[95] ». À quatorze ans, Marie n'a-t-elle pas une pudeur naturelle qui la rend plus fragile ? Ou bien est-elle déjà habituée aux regards masculins et à la promiscuité des corps ? Peut-être a-t-elle déjà posé pour des peintres, et de plus licencieux. Ou est-elle seulement contente d'effectuer un travail mieux rémunéré et moins fatigant que celui de danseuse, même s'il s'agit de tenir la pose pendant des heures ? Antoinette, sa sœur aînée, a dû lui raconter les séances interminables – à croire que Degas n'a aucune notion de la peine que ses modèles endurent. C'est bien le cas puisque, lorsqu'il s'intéressera à la photographie, quelques années plus tard, il martyrisera ses meilleurs amis en leur infligeant des heures de pose sans aucun répit, dont tous se plaindront. Antoinette a pu l'avertir aussi que le peintre a mauvais caractère, qu'il n'est jamais content et peut se montrer humiliant. Mais, pour Marie, ce monsieur barbu en blouse grise et casquette, si rébarbatif soit-il, sera forcément moins dur que certains de ses maîtres de ballet.

Degas s'approche. Il tourne autour de Marie. « Le nez sur mon modèle, je le scrute », explique-t-il. L'objectif pour lui est de le « résumer dans une pièce exiguë, mais dont la mise en place est solide, et qui ne ment pas »[96]. Toujours revient l'impératif de vérité. La solidité, la fermeté lui sont coexistantes. Contrairement à l'idée toute faite qu'on peut avoir de la danse, Degas s'intéresse plus à la terre qu'à l'air. Marie, comme la future statuette, est bien posée sur ses deux pieds dont la position est conforme aux règles académiques ; elle trouve son équilibre dans l'ancrage au sol. Son corps menu et longiligne, mais musclé, ressemble à celui de nos danseuses actuelles, c'est une silhouette « moderne, très parisienne et très aiguisée[97] ». Pour bien mesurer et comparer les différentes parties du corps, Degas utilise un instrument spécial, un compas à réduction qui fait peur aux modèles quand il en approche la pointe trop près de leur visage, leur laissant parfois une estafilade. Les notations dans ses carnets ont des airs de poèmes surréalistes : « les mains ont 9 nez », « le bras depuis l'articulation de l'épaule jusqu'à celle du poignet a 2 têtes »[98]… Il faut ensuite adapter ces mesures à l'échelle choisie, inférieure à celle de la réalité. Pourtant, le respect des proportions n'est pas sa priorité. Sans aller jusqu'à les négliger totalement à l'exemple d'Ingres, son maître, qui rajoutait sans hésiter trois vertèbres au dos de son *Odalisque*, Degas prend des libertés avec la réalité anatomique. « Les bras sont trop longs, à ce que dit le Monsieur qui, le mètre à la main, calcule si bien les proportions », plaisante Gauguin[99]. Ici, c'est plutôt la jambe droite de la Petite Danseuse qui est anormalement longue ; ceci a pour effet voulu d'accentuer la sensation d'étirement décontracté de la pose. Si le sculpteur n'exécute pas sa statue grandeur nature – il le pourrait : Marie ne doit pas mesurer plus d'un mètre cinquante –, c'est aussi parce qu'un scandale a récemment agité le monde de l'art. En 1877, on a reproché à Rodin d'avoir moulé *L'Âge de bronze* et d'autres statues directement sur le corps de ses modèles. Or, cette technique du moulage, très utilisée au XIXe siècle dans divers domaines scientifiques pour garder l'empreinte des choses, dévalue aux yeux de certains la dimension artistique de la sculpture. Le créateur doit « représenter » la réalité, non la reproduire sur nature, la décalquer ; comme le dit crûment Renoir, il ne faut pas que l'œuvre « pue le modèle[100] », c'est ce qui différencie l'art du simple savoir-faire et de la technique. Le moulage sur nature, en plâtre ou en cire, devrait être réservé à la constitution de modèles anatomiques dont le sculpteur pourrait ensuite s'inspirer, pas davantage. Aussi, pour prévenir toute accusation de ce genre et éviter toute polémique, Degas modifie l'échelle de ses œuvres. Toutes ses sculptures sont plus petites que les modèles.

Pourtant, en sculpture, l'art semble indissociable de la technique. Dans la pratique, après avoir exécuté maints dessins préparatoires, que fait Degas au milieu de son atelier, tandis que Marie peine à garder la pose ? Il est assis sur une sorte de selle d'où il se lève souvent pour s'approcher de son modèle. Il la touche, suit les lignes de son corps, en éprouve la densité, en tâte les articulations, y étudie l'insertion des muscles. Si l'on en croit Gauguin en visite chez lui, Degas cherche le vrai dans « la carcasse, l'ossature humaine, la mise en mouvement[101] ».

De ce va-et-vient naît peu à peu un squelette en fil de fer qui reproduit sommairement la silhouette voulue et dont les différentes parties – torse, jambes… – sont attachées avec du câble ou de la ficelle à des plaques de métal. Dans une émouvante lettre à Henri Rouart, Degas écrit : « Vous rappelez-vous un jour, vous disiez en parlant de je ne sais plus qui, qui vieillissait, qu'*il n'assemblait plus*, terme consacré en médecine aux cerveaux impuissants. Ce mot, je me le rappelle toujours, ma vue n'assemble plus ou c'est si difficile qu'on est tenté souvent d'y renoncer et de dormir toujours[102]. » Peut-être ce mannequin composite permet-il à l'artiste presque aveugle de conjurer son angoisse.

Une statuette de Marie nue, plus petite d'un quart que l'œuvre finale, prouve que Degas modelait d'abord des maquettes, essayant, corrigeant, améliorant telle position, telle proportion, tentant aussi des solutions techniques plus ou moins élaborées. Ainsi, de récentes radiographies de la statuette définitive ont montré qu'elle était bourrée d'éléments hétéroclites, à commencer par des manches de pinceaux – on ne saurait mieux justifier le mot d'argot qui désigne les jambes ! Il s'y trouve aussi des chiffons, des copeaux de bois, du molleton de coton, des verres et des bouchons de liège, tous empruntés par Degas à son environnement immédiat, en une improvisation inspirée dont la précarité s'accorde à celle du modèle. La force de son réalisme tient en effet à cette adéquation parfaite entre le sujet et son traitement. Son art, à la fois pauvre et minutieux, génial bricolage de fortune, s'adapte à son modèle, une fillette démunie, certes, dépourvue de toute sophistication, mais qui cherche elle aussi le geste pur. En élevant l'infime au rang d'œuvre, en usant de techniques sommaires et de matériaux communs, Degas ouvre infiniment l'espace de la création, qu'il libère. Son éclectisme est révolutionnaire. Tout un pan de l'art du XXe siècle sortira de cette petite silhouette bricolée. 1881, année de sa naissance, est aussi celle de… Picasso, par exemple.

Sur ce mannequin métallique rembourré vaille que vaille, Degas modèle donc à la main ou à la spatule plusieurs couches d'une cire teintée dont la surface lisse évoque la peau sans en reproduire la couleur naturelle. C'est la même cire qui, colorée différemment selon les pièces de l'habillement, recouvrira ensuite les vrais cheveux humains achetés chez une perruquière, le corsage en lin fabriqué sur mesure et les chaussons véritables, d'un rose délicat. Seul le tutu sera ajouté intact à la sculpture achevée. La cire d'abeille, dont l'aspect translucide accroche bien la lumière, est mêlée à de l'argile et à de la plastiline, substance argileuse grasse qui a l'intérêt de rester molle plus longtemps, ce qui permet au sculpteur d'ajuster et de réajuster sans cesse la matière afin de se rapprocher du contour idéal. C'est pourquoi il refuse des matériaux plus solides. « Que je fasse fondre ? Le bronze, c'est pour l'éternité. Mon plaisir à moi, c'est d'avoir toujours à recommencer[103]. » Ainsi, selon Renoir, si Degas n'a pas exposé comme prévu en 1880, c'est qu'il voulait refaire le modelé de la bouche, dont il n'était pas satisfait. Des radiographies ont montré qu'il avait remodelé plusieurs fois la tête, rallongeant le cou à proportion avec du fil de fer en forme de ressort et repositionnant les épaules. Réputé pour reprendre indéfiniment ses œuvres, il inspirera ce commentaire à son ami J.-É. Blanche : « Tout lui était bon pour martyriser la forme, en extraire une cruelle synthèse faite à la fois de l'observation d'un misogyne et d'un chirurgien[104]. »

Est-ce donc là seulement ce que trouve Marie en face d'elle, ce peu désirable double type d'homme : un misogyne et un chirurgien ? La statue n'offre-t-elle que la « cruelle synthèse » d'une étude clinique et d'un dégoût sexiste ? Ce n'est pas ce qu'elle nous évoque, pourtant. Mais la relation de Degas et de son modèle reste mystérieuse. Pauline, l'un de ses préférés, prétendait avoir dansé nue avec lui, dans son atelier ; il aimait que des bruits courent sur son compte. Mais les lettres et témoignages concernant le peintre montrent que si celui-ci entretenait de bonnes relations avec les danseuses qui posaient pour lui, cela ne dépassait guère le stade du paternalisme bienveillant. Il a quelquefois intercédé auprès de la direction de l'Opéra pour obtenir à l'une une augmentation de salaire, à l'autre un rôle dans un ballet ; cela l'amusait, pas davantage. Sans doute gardait-il de façon naturelle le sentiment de sa supériorité de classe, sinon de genre. Nous ne saurons jamais ce qu'il a pensé du premier congrès féministe international qui s'est tenu à Paris en 1878. Il fréquentait sans excès les cafés de la Nouvelle Athènes, Le Rat Mort, ouvert toute la nuit, la Brasserie des Martyrs, où se retrouvaient ballerines et bohème, à qui il préférait la compagnie des amis de Zola, et son existence n'a cessé de s'enfoncer dans une solitude toujours plus grande. « Un maladif, un névrosé, un ophtalmique », résume Edmond de Goncourt. On ne lui connaît aucune liaison longue ou brève, ce qui, à l'époque et dans ce milieu, détonne nettement – et lorsqu'on sait le goût des frères Goncourt pour le moindre ragot, on peut prendre pour bonne preuve qu'il n'y en ait aucun sur Degas dans leur *Journal*. Combien de peintres, pourtant, ont séduit ou épousé leur modèle, pris leur femme comme muse ! Delacroix, l'un des maîtres de Degas, n'évoque-t-il pas dans son *Journal* les « magnanimes combats » qu'il livre contre le désir lors des séances de pose, combats qu'il perd plus d'une fois : « Qu'elle était bien, nue et au lit[105] ! » écrit-il à propos d'un de ses jeunes modèles de quinze ans, ou encore, plus crûment : « J'ai risqué la vérole pour elle. » Corot fait carrément du sexe le corollaire du travail d'atelier. Puvis de Chavannes ponctue les séances de pose d'un : « Veux-tu voir la... d'un grand homme[106] ? » Et Whistler, Monet, Rodin, Renoir, Bonnard, tant d'autres contemporains de Degas ont eu avec leur modèle des relations qui sortaient du cadre. Le modèle muse et maîtresse est un topos de la peinture, en tout temps.

Degas, lui, échappe au cliché. Sa chasteté est légendaire. Il a passé l'essentiel de sa vie domestique en compagnie de deux gouvernantes successives dont il appréciait la cuisine et la discrétion, c'est tout. Il n'est suspect d'aucune privauté. On a attribué son célibat à sa misogynie, sa méfiance envers les femmes étant née, selon certaines sources, d'une maladie vénérienne contractée très jeune dans une maison close. On peut certes citer de sa bouche des saillies peu aimables envers les femmes, mais plus provocatrices que celles de Corot, Renoir ou bon nombre d'écrivains de cette fin de siècle, chez qui elles sont naturelles. C'est Renoir par exemple qui n'approuve pas l'instruction donnée au sexe opposé car il redoute la pire des conséquences : « que les nouvelles générations ne fassent très mal l'amour[107] » ! Degas a-t-il peur des femmes ? C'est possible, si l'on en juge par les qualificatifs qu'il applique, fût-ce avec humour, à celles de son entourage amical : « votre terrible femme », « votre redoutable épouse », écrit-il fréquemment dans sa correspondance. Ambroise Vollard le confirme : « Une espèce de pudeur où il y avait comme de la peur l'éloignait des femmes[108]. » Manet rapporte à Berthe Morisot

les rumeurs qui circulent sur le peintre des danseuses : « Il n'est pas capable d'aimer une femme,
même de le lui dire, ni de rien faire[109]. » Une
amie défend « l'artiste sans muses » : « Une sensi-
bilité maladive était évidemment la cause de sa
crainte exagérée de l'influence qu'une femme,
par la puissance de l'amour, pourrait exercer sur
son œuvre[110]. » Il a bien pensé à se marier, jadis,
et à avoir des enfants, mais sans conviction. En
voyage dans sa famille à La Nouvelle-Orléans
en 1872, l'idée le traverse : « J'ai soif d'ordre.
Je ne regarde pas même une bonne femme
comme l'ennemie de cette nouvelle manière
d'être. Quelques enfants à moi et de moi, est-ce
aussi de trop ? Non[111]. » Sa motivation est plus
conformiste que passionnée, on le voit, et malgré sa crainte d'une vie de regrets, il ne s'y
décide pas. Pourquoi ? La réponse est sans doute
dans son art lui-même. Degas place la création
au-dessus de toute autre activité. Elle occupe sa
pensée, corps et âme. Tout son désir, toute sa
sensualité se tournent vers l'œuvre, dont le
modèle n'est que le prétexte. « Le travail n'est-il
pas le seul bien qu'on puisse posséder quand on
en a envie[112] ? » écrit-il à son ami Bartholomé
dans une lettre d'août 1882. Paul Valéry oppose
ce qu'il appelle les « passions finies », telles que
l'amour, l'ambition, le goût de l'argent, et celle,
infinie, obsédante, qui animait Degas : le désir
de créer, et d'aller toujours plus loin dans son

art. « Est-ce qu'un artiste est un homme[113] ? » demande-t-il, et la question est purement rhétorique. « Un peintre n'a pas de vie privée[114] », répond-il.

Pour lui, l'art transcende tout, et « il est fait de renoncements ». C'est ce que perçoit et dit de lui Vincent Van Gogh, en des mots plus crus, dans une lettre au peintre Émile Bernard datée d'août 1888 : « Pourquoi dis-tu que de Gas bande mal ? de Gas vit comme un petit notaire et il n'aime pas les femmes, sachant que s'il les aimait et les baisait beaucoup, cérébralement malade, il deviendrait inepte en peinture. La peinture de de Gas est virile et impersonnelle justement parce qu'il a accepté de n'être personnellement qu'un petit notaire ayant en horreur de faire la noce. Il regarde des animaux humains plus forts que lui bander et baiser et il les peint bien, justement parce qu'il n'a pas tant que ça la prétention de bander. » Van Gogh poursuit ses réflexions : « Si nous voulons, nous, bien bander pour notre œuvre nous devons quelquefois nous résigner à peu baiser. […] Ça suffit à nos faibles cervelles impressionnables d'artistes de donner leur essence à la création de nos tableaux[115]. »

Degas, si l'on en croit Van Gogh et bon nombre de ses contemporains, ne voit donc dans le sexe qu'une menace pour son art et dans les femmes que des « animaux humains », des femelles. Quand il les peint à la toilette, c'est, dit-il lui-même, «à l'état de bêtes qui se nettoient». Quand ce sont des femmes de son rang, il a besoin de les amoindrir, voire de les avilir pour les peindre. Ainsi n'accepte-t-il de réaliser le portrait d'une amie fort belle que si elle met «un tablier et un bonnet comme une petite bonne[116]». Là encore, Renoir, qui a souvent peint ses jeunes domestiques, enfonce le même clou: «Faites la tête de votre concierge», clame-t-il. «En avez-vous jamais vu, des femmes du monde, avec des mains qu'on aurait plaisir à peindre? C'est si joli à peindre, des mains de femme, mais des mains qui se livrent aux travaux du ménage[117]!» Renoir refuse la dimension intellectuelle des femmes comme de la peinture. Cependant, le corps féminin prend chez lui un autre sens: «Je ne pourrais me passer d'un modèle, assure-t-il. Même si je le regarde à peine, il m'est indispensable pour me beurrer les yeux. J'adore peindre une gorge, les plis d'un ventre. [...] Un sein c'est rond, c'est chaud[118]!» Le modèle, dit-il encore, est là «pour m'allumer». M'allumer, me beurrer les yeux: on perçoit bien l'abîme qui le sépare malgré tout de Degas. La sensualité du premier, qui expliquait «faire l'amour avec [s]on pinceau» ne trouve guère d'écho chez le second, pour qui le corps est sans esprit ni sentiment: le corps ne devient jamais chair, c'est-à-dire lieu capable de s'ouvrir, de faire une place à autrui, d'accueillir. Tout n'est le plus souvent que faux accueil – dans les lupanars – ou beauté cache-misère – à l'Opéra. Paul Gauguin admire une telle distance chez l'artiste qui donne tout à l'art : « Les danseuses de Degas ne sont pas des femmes. Ce sont des machines en mouvement, avec de gracieuses lignes prodigieuses d'équilibre[119]. » Mais, pour certains de ses contemporains, Degas est d'abord un voyeur qui aime « regarder par le trou de la serrure », un peintre de danseuses et de bordels parce que seul le vice l'intéresse et l'inspire. Sa métaphore la plus célèbre alimente ce point de vue : « L'art, c'est le vice. On ne l'épouse pas légitimement, on le viole[120]. » Malgré cette provocation, Renoir, lui, loue au contraire chez Degas « ce côté quasi religieux et si chaste, qui rend son œuvre tellement haute » et qui « grandit encore quand il touche à la fille »[121]. Même ses plus fervents admirateurs identifient en lui une sorte de Janus bifrons. Le fils de son ami Ludovic Halévy, Daniel, par exemple, le considère comme « l'un de ces géants antiques de la vertu[122] », pétri de grandeur. En même temps, il est choqué par son apparente cruauté, dénonçant dans la *Petite Danseuse* son désir d'« humilier la pauvre fille, guenon vêtue de tulle et pailletée d'or en dérision de ce qu'elle est[123] ». L'ambiguïté attachée à la personne d'Edgar Degas, « divisé contre soi-même[124] », semble indéfectible. Ses sautes d'humeur sont légendaires, abyssales. « Je suis triste, quoique gai, ou le contraire », aime-t-il à dire. Connu pour cultiver le paradoxe dans la conversation, il en est un lui-même aux yeux des autres. Car n'est-ce pas ce misanthrope désigné, cet homme prétendument dur et misogyne qui a métaphorisé son âme en une image de midinette : « J'ai enfermé mon cœur dans un soulier de satin rose[125] » ?

Dans ce contexte, qu'en est-il de la petite danseuse ? Que prétend-il dire d'elle ? Son vice ? Son crime ? Vraiment ? Seulement ? S'il avait voulu montrer sa dépravation en germe, ne l'aurait-il pas sexualisée davantage ? Bien sûr, à l'époque, la figure de la danseuse suffisait à incarner le vice. Mais si jeune ? Car il précise son âge dans le titre, ce qui n'est pas courant. Quel sens donner à ses yeux mi-clos ? On a pu voir dans ce visage offert une invitation à la sensualité, et dans l'avancée des hanches une incitation sexuelle, quelque chose de trouble, une provocation qui suscite le malaise chez le spectateur. Mais les yeux presque fermés de la petite danseuse observent-ils vraiment l'inconnu qui va s'emparer d'elle et baiser sa bouche ? Ne sont-ils pas plutôt tournés au-dedans, sans besoin d'autrui ? Ne manifestent-ils pas une sorte d'absence au monde ? Contrairement à un artiste tel que Balthus, par exemple, qui, cinquante ans plus tard, montrera dans ses toiles sa passion pour les toutes jeunes filles, Degas ne cherche pas à capter une aura érotique. Si Balthus peint des lolitas de treize ou quatorze ans en socquettes et culotte apparente, s'étirant yeux fermés à côté d'un chat, c'est pour saisir, expliquera-t-il, le mystère propre à l'adolescence, à l'orée de la féminité et de la sexualité : « L'adolescente incarne l'avenir, l'être avant qu'il ne se transforme en beauté parfaite. Une femme a déjà trouvé sa place dans le monde, une adolescente, non. Le corps d'une femme est déjà complet. Le mystère a disparu[126]. » Le sentiment que l'on éprouve devant la sculpture de Degas est assez proche de celui décrit par Balthus, mais le mystère de la jeune fille est moins ouvertement érotique, en tout cas pour des spectateurs d'aujourd'hui ; et si Marie incarne l'avenir aux yeux de son temps, c'est un avenir perdu, sans autre épanouissement que celui de son isolement. Son mystère s'apparente donc davantage à ce que Rilke souligne à propos de Balthus, qui est selon lui « le peintre des jeunes filles, offertes à tous les désirs mais dans un monde clos qui les renvoie à leur propre solitude[127] ». Ne suffit-il pas de remplacer « jeunes filles » par « danseuses » dans cette phrase pour évoquer avec justesse l'univers d'Edgar Degas, et plus précisément sa Petite Danseuse de quatorze ans ? « Le peintre des danseuses » a peint très peu de paysages et de scènes d'extérieur ; la plupart de ses sujets se tiennent dans des salles de spectacle, des bordels, des cafés, où les femmes, même ensemble, même accompagnées, sont seules, sans ouverture vers le dehors. Bien sûr, la *Petite Danseuse*, parce qu'elle est une statue, est plus libre dans l'espace que toute autre sur une toile. Mais rappelons-nous la cage de verre qui l'emprisonne et le mauvais accueil qui lui est fait lors de la première exposition. N'est-elle pas « offerte à tous les désirs », même inavouables, et renvoyée en même temps « à sa propre solitude » ? Ses yeux presque clos semblent avoir pour fonction de souligner cette plongée en soi-même par laquelle un être seul peut échapper à la souffrance. En l'absence de regard, son intériorité n'est guère saisissable ; son menton relevé indique qu'elle ne souhaite communiquer avec personne. Si elle est seule, elle en assume le constat. Son effronterie n'est pas une invite, mais un refus. Elle ne demande rien. Elle suscite au contraire l'interrogation. À quoi pense-t-elle ? Quel est son monde intérieur ? Son visage et sa pose traduisent-ils de la concentration ou de la détente, de l'ennui ou du plaisir ? S'évade-t-elle, et vers quel ailleurs ? Est-elle remplie d'elle-même ou jouit-elle du vide qui la fonde ? Qu'y a-t-il derrière ses yeux clos, sous sa poitrine enfantine ? Des larmes, des rêves, des sentiments indicibles ? Ou bien une absence, un néant bienfaisant dans un temps suspendu ?

L'œuvre ne donne pas la réponse. Degas n'a pas la réponse. La statuette demeure aux confins de toutes les réponses, comme le modèle reste en équilibre entre l'enfant et la femme, l'innocence et la lubricité, à la fois proche et insaisissable.

Ce n'est certainement pas un hasard si Marilyn Monroe, en 1956, a posé à côté de la *Petite Danseuse*. Le cliché en noir et blanc a été pris à la fin du tournage de *Bus Stop*, au domicile du producteur William Goetz, richissime collectionneur d'œuvres d'art. La comédienne a trente ans, elle est déjà une star, mais sur la photo son visage, tout proche de celui du petit rat, a cet air d'interrogation pur et perdu que ses admirateurs lui connaissent bien. Celle qui incarne alors et toujours la féminité enfantine autant que l'érotisme et la sexualité semble en parfaite osmose avec la statuette. Peut-être est-ce parce que, comme Marie Van Goethem, elle a d'abord été une petite fille pauvre délaissée par sa mère, qu'elle se souvient de la jeune Norma Jean Baker, anonyme, mariée à seize ans sans rien connaître du monde. « Plus jamais une petite fille seule et terrorisée, écrit-elle dans un texte de 1955. Souviens-toi que tu peux être assise au sommet du monde (on ne dirait pas)[128]. » À la même époque, elle fait un cauchemar : elle rêve qu'un chirurgien lui « ouvre le ventre, et il n'en sort que de la sciure, comme d'une poupée de son[129] ». Comment ne pas penser à la statuette, à son vide intérieur ? Edgar Degas était, avec Goya – « pour les monstres », précisait-elle – l'un des artistes préférés de Marilyn. Ainsi, bien qu'elle n'ait, contrairement à d'autres actrices de Hollywood telles qu'Audrey Hepburn, jamais reçu de cours de danse dans sa jeunesse, Marilyn avait tenu, deux ans plus tôt, en hommage au peintre des danseuses, à faire sous l'objectif de Milton Greene la fameuse série de photos en tutu. Elle y apparaît dans une émouvante fragilité, le symbole sexuel laissant place à une jeune femme vulnérable, fatiguée, désemparée, ballerine en proie à la solitude, sœur d'âme de la Petite Danseuse.

Qu'aurait pensé Degas de ces photographies en noir et blanc prises moins de quarante ans après sa mort ? Lui qui semblait fuir la beauté féminine, qu'aurait-il dit de Marilyn scrutant passionnément son œuvre la plus scandaleuse ou rappelant dans son tutu de gaze blanche ses plus célèbres tableaux ? Aurait-il vu en elle, comme on l'a fait pour son modèle, l'ange ou la bête, le monstre ou l'enfant ? La question reste posée, comme demeure flou le rapport de l'artiste à Marie et, à travers elle, à l'autre sexe, au sexe, au corps. Daniel Halévy rapporte que l'un des derniers gestes de Degas sur son lit de mort, en 1917, a été, « avec une force qu'on ne lui devinait pas[130] », de saisir le bras nu de sa jeune nièce qui tapotait son oreiller et de l'observer farouchement à la lumière du jour, comme pour en saisir le secret.

Des années plus tôt, en s'approchant d'une femme avant qu'elle ne le devienne, Degas cherchait-il à percer le mystère de sa propre angoisse ? Mis à part quelques chevaux, il a passé son existence à observer, peindre et modeler des femmes, les saisissant à travers la typologie la plus banale de leur séduction – danseuses, prostituées, modèles nus – tout en les débarrassant des clichés afférents à cette typologie – beauté, grâce, élégance, érotisme – pour ne leur laisser que le poids du réel – fatigue, abandon, soumission, quelquefois plaisir. Marie Van Goethem porte sur ses minces épaules le poids de ce paradoxe. Elle ne répond pas elle-même, dans sa mystérieuse proximité, dans la simplicité de sa distance, entre l'ange et la bête, à la question qu'Edgar Degas s'est sans doute posée toute sa vie : qu'est-ce qu'une femme ? « Une femme, c'est-à-dire une question, une énigme pure[131]. » En reste l'empreinte de ses doigts dans la cire.

Ou alors – autre hypothèse –, ou alors, cette quête du féminin, cette enquête infinie sur l'énigme du féminin, sur sa quintessence au-delà des apparences apprises, l'a mené en un lieu très voisin du sien, par-delà la différence des sexes et toutes les autres différences, un lieu commun à elle et à lui, à elle, Marie, et à lui, Degas. D'abord, la ballerine et l'artiste connaissent tous deux la nécessité de travailler dur pour conquérir la forme idéale. Le petit rat ne cesse de répéter jusqu'à épuisement les mêmes gestes, le sculpteur fait, défait et refait sans cesse des modelages toujours imparfaits. Autre chose les rassemble : le refus de s'en remettre au jugement d'autrui, l'insolence revendiquée ; l'un par ses mots d'esprit mordants et son ironie, l'autre par son air de défi et son effronterie opposent au monde leur solitude et leur désir de liberté. Là encore, les mots de Marilyn leur font écho : « Seule !!! Je suis seule. Je suis toujours seule quoi qu'il arrive. Il ne faut avoir peur que de la peur. En quoi est-ce que je crois / Qu'est-ce que la vérité / Je crois en moi jusque dans mes sentiments les plus délicats et ténus[132]. » Dans cet atelier, Marie Van Goethem et Edgar Degas partagent un espace matériel qui est aussi un lieu symbolique, un ailleurs qui subsume même leur travail à deux. Ce lieu qui les lie est commun à l'art et à la vie, à l'art de vivre. Le couple y crée une harmonie particulière, unique. Marie en transmet le secret, Degas en traduit le mystère, les yeux fermés, chacun à sa manière : le regard – celui de l'aveugle, celui de la jeune fille – est intérieur, il crée sa propre *vision*, son univers, « une manière d'infini[133] ». Ce serait une manière de laisser infuser en soi, non sans respecter une certaine tenue (posture, forme, syntaxe), la grâce animale d'être en vie, la jouissance de la pure présence au monde. La profondeur et l'intensité se reposeraient dans la surface la plus lisse. Une tension sans action animerait la chair. La pose pourrait être debout ou couchée, les mains nouées dans le dos ou les bras en croix, le nez en l'air, les paupières baissées, que sais-je ? Elle supposerait une heureuse passivité, « une certaine inactivité de l'esprit, qui se laisse lentement imprégner[134] », une disposition à l'accueil, un abandon qui alimenterait la joie de vivre, de créer, d'exister. Il serait possible et même souhaitable d'imaginer un peu de soleil, comme nous y invite une lettre de Degas au peintre danois Frölich, datée du 27 novembre 1872, dans laquelle il explique par une image de la nature la création artistique : « Je vous dirai que pour produire de bons fruits, il faut se mettre en espalier. On reste là toute sa vie, les bras étendus, la bouche ouverte pour s'assimiler ce qui passe, ce qui est autour de vous et en vivre[135]. »

Certes, Marie n'épouse pas tout à fait la forme d'un arbre au soleil. Mais il y a de l'espalier en elle, comme en lui. Solidement ancrée dans la terre, et la tête ailleurs, elle est vivante. Au-delà de l'énigme de l'enfance et du féminin, au-delà de l'horreur de son destin social et intime, la petite danseuse qu'est Marie Van Goethem exprimerait ainsi, par-dessus tout, ce que peut être, arrachée aux affres du temps, de la faiblesse et de l'impuissance, arrachée à la pesanteur de la solitude, abandonnée à l'instant et à elle-même, une vie rêvée, une vie à la fois enracinée dans la terre et tournée vers le ciel. Ce serait alors Degas lui-même qui apparaîtrait dans son œuvre la plus forte, s'identifiant à elle au mitan de sa vie. Oui, on pourrait le dire ainsi : les yeux fermés tel un aveugle qui voit de tout son être, la tête sourde aux critiques, l'air insolent de qui se sait seul, soucieux de capturer la beauté du geste tout en jouissant du sentiment d'exister, un instant comblé de ce qui passe, la Petite Danseuse de quatorze ans, c'est lui. Rien ne filtre à l'extérieur, tout est clos et resserré, mais c'est bien dans son chausson d'un rose fané qu'il a enfermé son cœur – enfermé peut-être, mais battant la mesure du monde. Comme Marie, il se moque de ce qu'ils vont dire, eux, les autres, il méprise les critiques, même bienveillantes, car la création pour lui n'est qu'un pur mystère. Il se moque des académismes, des faux-semblants et des refus effarouchés. Seuls comptent l'art et la manière d'exister, d'être là. Les voilà donc tous deux ensemble dans cette « surgie d'âme », elle et lui comme des bourgeons éclos, l'artiste et le modèle, unis par le même désir à la réalité fugitive, celui d'une vie en espalier.

III

Le moyen fait partie de la vérité, aussi bien que le résultat. Il faut que la recherche de la vérité soit elle-même vraie ; la recherche vraie, c'est la vérité déployée, dont les membres épars se réunissent dans le résultat.

Karl Marx

Nous sommes fin novembre 2016. Dans l'intention de conclure, je relis tout ce que j'ai écrit jusqu'ici, reprenant aussi ma documentation en vue d'établir une bibliographie précise. Depuis deux ans, j'ai lu beaucoup de livres, des biographies de Degas, ses carnets, sa correspondance, des thèses universitaires, des articles d'histoire de l'art ou de la danse. J'ai lu aussi plusieurs romans qui se sont attachés, en français ou en anglais, à raconter, ou plutôt à imaginer, la vie de la Petite Danseuse de quatorze ans. L'un d'entre eux, *The Painted Girls*, « Les filles peintes », a été un best-seller en Amérique, là où se trouve maintenant la statuette originale.

Son auteure, la romancière canadienne Cathy Marie Buchanan, s'est appuyée, explique-t-elle dans une interview, sur de nombreuses études, mais a dû inventer « les trois quarts », en l'absence de documents. Une autre romancière, Carolyn Meyer, auteure de *Marie, Dancing*, suppose au petit rat une vie de famille bien après qu'on a perdu sa trace. Les quelques films sur le sujet sont de la même veine. Sur l'affiche du téléfilm à succès *Degas et la danseuse*, du réalisateur canadien David Devine, on peut lire : « Encouragée par le grand artiste Edgar Degas, une jeune ballerine apprend à avoir confiance en elle. » La lecture de ces fictions m'a gênée, je n'en ai pas goûté le charme, tout comme m'a déplu la naïveté des synopsis des films. Je me suis agacée des pires incohérences comme des plus insignifiantes bévues, mais aussi de voir représenter la vie de Marie autrement que ma propre enquête me l'avait fait imaginer. Les seules images qui m'aient touchée au-delà de toute mesure, ce sont celles où Degas, filmé contre son gré par Sacha Guitry, fait quelques pas dans la rue, appuyé sur sa canne, tandis que la voix solennelle de l'écrivain cinéaste commente : « À quatre-vingts ans, il est pauvre, maussade, presque aveugle. Mais c'est un génie. » Ce sont les seules images en mouvement qu'on ait de l'artiste. Je donnerais cher pour avoir les mêmes quelques secondes en compagnie de Marie !

Pour la voir, elle, même plus âgée, même de profil, de dos, sous un chapeau ! Rajustant l'épaulette de son corsage ou se massant les mollets ! Avoir ne serait-ce qu'une photographie. J'ai besoin de la réalité, elle sous-tend mon désir. Car si je sais bien que moi aussi j'ai dû céder plus d'une fois la place à mon imagination, du moins ai-je essayé de ne pas trop trahir la vérité, surtout à propos d'une œuvre « en résidence forcée dans le réel[136] ». J'aime, comme disait François Truffaut, « avoir la vérification par la vie ». Sur ce point au moins, mon propos a été clair dès l'origine, la forme de la non-fiction s'est imposée aussitôt, tout comme le projet de ne pas séparer le modèle de l'artiste, d'attraper si possible un peu de leur lien, d'où est née l'une des grandes œuvres modernes. Les affinités avec elle sont évidemment subjectives, et beaucoup d'autres admirateurs, avant moi et après moi, ont exprimé ou exprimeront la fascination qui les attache à cette statuette, tout comme de nombreux artistes ont souhaité transmettre par le truchement d'une création nouvelle l'héritage émotionnel ou esthétique reçu d'elle. Ainsi Misty Copeland, première danseuse afro-américaine de l'histoire à avoir été nommée danseuse étoile – c'était à l'American Ballet Theatre of New York en juin 2015, après un parcours semé d'embûches –, Misty Copeland a tenu à reprendre sur les planches les principales postures des tableaux de Degas. Il est encore plus frappant de la voir, en trois dimensions, imiter parfaitement la pose de la *Petite Danseuse de quatorze ans*, dont elle a la morphologie. Comme Marie Van Goethem, Misty Copeland vient d'une famille nombreuse pauvre. Élevée par sa mère, elle a vécu d'aides sociales avant d'intégrer l'école de danse et de tracer son destin malgré l'opposition virulente de certains responsables considérant la couleur de sa peau comme incompatible avec une grande carrière de ballerine. Dans la pose du jeune modèle de Degas, elle fait plus que simplement rappeler l'œuvre. Elle évoque aussi le malheur des esclaves noirs dont des mannequins en cire représentaient l'effigie lors des expositions coloniales ; sa démarche prend une portée universelle pour dénoncer, à travers la Petite Danseuse et sa propre histoire, tous les obstacles qu'il faut franchir pour refuser l'exclusion, et qu'on ne franchit pas toujours.

Si Edgar Degas s'inscrivait – non sans ambiguïté parfois – dans les questionnements de son temps, d'autres artistes prolongent, approfondissent ou subvertissent son œuvre visionnaire. C'est le cas par exemple de Damien Hirst. Ce plasticien anglais, qui a souvent exposé dans des vitrines des objets réels ou des animaux, a aussi reproduit dans deux sculptures monumentales la position très reconnaissable de la Petite Danseuse. L'une, intitulée *The Virgin Mother*, montre une jeune fille nue, les pieds en quatrième, le visage levé, une main dans le dos et l'autre posée sur son ventre : elle est enceinte. La statue est divisée en deux dans le sens de la longueur ; d'un côté, le bronze lisse rend troublante la ressemblance avec l'œuvre de Degas ; de l'autre, une peinture vive, orange et rouge, imite l'écorché des planches médicales : on voit en coupe anatomique le crâne décharné, l'œil dans l'orbite, les muscles du bras, du torse et de la cuisse, les glandes du sein, ainsi que le fœtus tête en bas dans l'utérus maternel. Autant la sculpture de Degas est petite, autant celle de Hirst est immense. Cette géante à moitié dépourvue de sa peau a-t-elle pour fonction de rappeler au public la qualification de « monstre » qu'avait subie l'original ? Ou bien les mannequins anatomiques en cire auxquels on l'a comparée lors de l'exposition de 1881 ? En lui donnant pour titre *The Virgin Mother*, Damien Hirst fait aussi référence à la Vierge Marie, donc au prénom de Mlle Van Goethem. Toutes ces allusions relancent les questions à demi fantasmatiques suscitées par l'œuvre et le modèle, tous deux déchirés entre le trivial et le sacré, le virginal et le monstrueux. Et chaque spectateur – où bien est-ce seulement moi ? – lutte en son for intérieur contre ses obsessions, où reviennent l'innocence perdue de l'enfance et l'horreur sacrée de la vie dans un corps. Une autre statue de Damien Hirst, *Verity*, reprend la même silhouette enceinte, à demi écorchée, mais elle brandit une épée tandis que l'autre main, dans son dos, tient une balance. C'est une « allégorie de la vérité et de la justice ». N'y a-t-il pas, me dis-je, une espèce d'ironie à représenter ces figures éternelles de l'art antique et classique sous la forme d'un cadavre soumis à dissection ? Ni vérité ni justice pour la petite danseuse. Un corps voué à disparaître. La mort, et seulement la mort.

Voilà, me dis-je encore en contemplant non sans répulsion le travail de Damien Hirst, voilà ce qui ne va pas. Car quelque chose ne va pas, je le sens. Ni vérité ni justice. Ne pas en faire une allégorie. Ne pas la désincarner, ne pas la dépouiller, me dis-je. Quelque chose manque – une chose qui passe par la réalité tout en la dépassant, je l'éprouve ainsi, confusément et violemment. Me revient en mémoire une phrase de Roland Barthes : « Ce que l'écriture demande, [...] c'est de sacrifier *un peu* de son Imaginaire et d'assurer ainsi à travers sa langue l'assomption d'un peu de réel[137]. » Voilà ce qui manque : un peu de réel. Un reste qu'aucune histoire ne peut réduire, une chose qui ne cesse pas de ne pas s'écrire. Je relis la description de l'atelier de Degas faite par Paul Valéry. C'est bien des années plus tard et à une autre adresse, mais je convoque ainsi, au moins, la matérialité du décor. « Là, s'entassaient le tub, la baignoire de zinc terne, les peignoirs sans fraîcheur, la danseuse de cire au tutu de vraie gaze, dans sa cage de verre, et les chevalets chargés de créatures du fusain, camuses, torses, le peigne au poing, autour de leur épaisse chevelure roidie par l'autre main[138]. » La statue trône au milieu de la pièce comme au centre de la phrase, à la fois impériale et humble. On dirait qu'elle attire et avale tout le réel, qu'il n'y en a pas, qu'il ne peut y en avoir dans le texte qui prétend en rendre compte. Aucun récit n'embrasse la vérité. Plus encore que dans son moulage en bronze, le réel est dans la statuette en cire qui perdait ses bras au fond de l'atelier. C'est l'évidence. Et moi je n'ai fait que des phrases à l'aide d'informations de seconde main, de bribes empruntées à d'autres, et qui ne disent rien. J'ai brassé des images et du vent. Je ressasse mon incompétence. Sur Degas, même s'il demeure énigmatique, on sait beaucoup de choses, notamment grâce à Henri Loyrette, son éminent biographe. Mais sur Marie ? « Tu ne connais même pas la date de sa mort », me dis-je en boucle, assaillie d'insomnies et de mélancolie. Je me juge avec sévérité, je m'interroge à longueur de nuits : comment sais-tu ce que tu sais et pourquoi ne sais-tu pas ce que tu ne sais pas ? J'ai le remords d'avoir traité Marie, d'avoir traité de Marie comme d'un objet – un simple objet d'étude, aussi truffé d'anecdotes que la statuette de bric-à-brac, mais sans le génie dont elle est digne. D'elle, du réel d'elle, je n'ai rien dit, rien montré, je ne sais rien.

Je lis et relis la description qu'a faite Huysmans en 1881. Bien sûr, c'est la sculpture qu'il décrit, mais c'est un contemporain de Marie qui parle, quelqu'un qui a, au sens littéral, vécu dans le même temps qu'elle, un témoin. « La tête peinte, un peu renversée, le menton en l'air, entrouvrant la bouche dans la face maladive et bise, tirée et vieille avant l'âge, les mains ramenées derrière le dos et jointes, la gorge plate moulée par un blanc corsage dont l'étoffe est pétrie de cire, les jambes en place pour la lutte, d'admirables jambes rompues aux exercices, nerveuses et tordues, surmontées comme d'un pavillon par la mousseline des jupes, le cou raide, cerclé d'un ruban porreau, les cheveux retombant sur l'épaule et arborant, dans le chignon orné d'un ruban pareil à celui du cou, de réels crins, telle est cette danseuse qui s'anime sous le regard et semble vouloir quitter son socle[139]. » Ce qui m'impressionne dans ce portrait, je le découvre à la énième relecture, c'est la tension qu'il opère entre la vie et la mort. Il montre la statuette comme prête à « quitter son socle », à s'animer de la vie indépendante de son modèle, et en même temps c'est un cadavre qu'il décrit, la bouche entrouverte, le visage cireux, le cou raide. On pourrait y ajouter les yeux mi-clos comme sur un visage où les muscles n'obéissent plus à la volonté, où les paupières se rouvrent bien qu'on les ait fermées. Je reconnais ce regard *par en dessous* qu'ont parfois les morts – je reconnais mes morts. Admirant les moulages en bronze exposés dans les musées, on oublie que la sculpture était en cire, on ne voit donc plus la teinte bise dont les morts sont peints : c'est une matière, la mort, c'est une couleur dont on ne veut pas se souvenir. Voilà sans doute la vraie raison de la mauvaise réception de la *Petite Danseuse* en 1881, la cause souterraine de l'horreur presque unanime qu'elle a suscitée. Ce n'est pas le vice qui fait pousser les hauts cris, ni l'insolence, ni la révolution esthétique. C'est la mort – son scandale. En reprenant le matériau du masque mortuaire, l'artiste ne suit pas seulement une tradition. Il donne à penser. À la vie, à la mort. Au commencement (quatorze ans) et au dénouement (mourir). Dans une fin de siècle où, pour reprendre un titre de l'historienne Anne Carol, l'embaumement est « une passion romantique », Degas use de son art pour mettre littéralement en œuvre ce désir fou de garder les morts vivants dans des corps intacts. Sa statuette, qui emprunte aux techniques médicales et aux fabrications d'objets courants, est donc aussi et avant tout une immense réflexion sur la puissance de la création, et en particulier de la sculpture. L'un des premiers visiteurs de l'exposition l'a comparée à une momie égyptienne, et personne n'a compris pourquoi. Et pourtant… Il y a de l'embaumement dans cette statue. Comme la photographie, à laquelle il s'intéresse aussi dans ces années-là, comme le cinéma qui débute, la sculpture de Degas saisit quelque chose du «ça a été» dont Barthes souligne le nécessaire pendant : «Ça n'est plus.» Mais quand Barthes dit de la photographie : «Elle certifie, si l'on peut dire, que le cadavre est vivant […] : c'est l'image vivante d'une chose morte[140]», on pourrait dire le contraire de cette statuette en cire : c'est la représentation morte d'un être vivant. Marie était là, sous ses yeux, parlant, riant peut-être, protestant, soupirant, et il la modèle au plus près de ses muscles, de sa peau. Mais ses cheveux sont englués dans la cire, son visage en a la teinte bistre, son corsage et ses chaussons en sont empesés comme d'une glaise, d'une glu. C'est le génie de cette œuvre, sa puissance de douloureuse fascination : elle se dresse morte vivante à la face du monde, pour qu'on la voie.

Je regarde la géante de Damien Hirst, à la fois enceinte et écorchée, qui elle aussi, d'une autre manière, renvoie chacun à la vie et à la mort, et je me demande sans pouvoir répondre : «Marie Van Goethem a-t-elle eu des enfants ?» Et aussi : «Où est-elle maintenant ? Où est son corps ?»

Au bout de huit jours, ne tenant plus dans les affres de l'imposture où je me débattais, j'ai pris la décision de revenir à elle, au plus humble d'elle. J'ai pensé qu'il me fallait réunir tout ce qu'on savait d'elle, tout ce qu'on avait appris « de source sûre », sans le recours de l'imagination ou des conjectures généralisantes. Car ce n'était pas la vie d'un petit rat ou d'un jeune modèle à la fin du XIXe siècle que je voulais connaître, c'était la sienne, en un temps dont j'ignorais la durée. Comme l'aurait dit Barthes, elle « protestait de son ancienne existence » et j'entendais ses appels. J'avais appris beaucoup, mais ce n'était pas suffisant, je ne pouvais pas la quitter sur un tel manquement à sa mémoire.

Premier obstacle à mon enquête : les meilleurs spécialistes fournissaient dans leurs ouvrages des indications contradictoires, des dates différentes, des versions divergentes de tel ou tel épisode biographique prétendument notoire, selon qu'ils se référaient, comme moi, à l'un ou l'autre des articles parus antérieurement. Chacun faisant confiance à ses prédécesseurs, personne, pas plus que moi, n'était allé vérifier. J'ai pensé à ce qu'avait confié un jour Annie Ernaux dans un entretien : « Quand j'écris, j'ai besoin d'être, d'un bout à l'autre, dans une démarche de vérité, jusqu'à l'obsession – retourner sur les lieux, n'inventer aucun détail[141]. » Ce n'est pas mon cas d'ordinaire, je ne suis pas hantée par l'exactitude, je laisse ma mémoire avoir de l'imagination. Mais là, il ne s'agissait pas de souvenirs personnels. Je voulais être honnête avec cette vie minuscule, ne pas me contenter de ce que tout le monde en disait. Je voulais retrouver sa trace à Paris où elle était née, où elle avait disparu un jour dans un malheur inconnu et certain. La lecture de Patrick Modiano m'accompagnait, ses phrases sues par cœur : « Je ne peux pas m'empêcher de penser à elle et de sentir un écho de sa présence dans certains quartiers[142] », écrit-il de la jeune fille juive inconnue dont il suit la trace jusqu'à Auschwitz. Ses pages, que je lisais et relisais, étaient pleines de questions sans réponse, de réponses inachevées, de « peut-être » et de « jamais » ; le dernier paragraphe commençait par ce constat : « J'ignorerai toujours à quoi elle passait ses journées », et restait suspendu sur « son secret. Un pauvre et précieux secret »[143]. Le secret pour moi était dans la statue, c'était un secret de bronze à présent. Mais l'âme de ce secret flottait toujours. Marie Van Goethem était devenue ma Dora Bruder.

Je ne savais pas comment faire, je ne suis pas historienne. Je sentais bien qu'à ce stade de mon entreprise, seule l'archive pouvait la réorienter, et dans le même mouvement m'apaiser – peut-être. Mais j'ignorais où chercher, à qui m'adresser.

Je me suis alors souvenue que, parmi tous les auteurs que j'avais côtoyés au cours de mon travail, seul l'un d'eux, souvent cité en référence, avait devancé et, semblait-il, réalisé mon projet. En 1998, Martine Kahane, conservateur général de l'Opéra national de Paris, a en effet publié dans la *Revue du musée d'Orsay* un article intitulé « Enquête sur la *Petite Danseuse de quatorze ans* de Degas ». La raison de sa recherche est originale. Au départ, en 1997, elle avait été chargée par sa collègue Anne Pingeot, conservateur au musée d'Orsay, de réfléchir à la réfection du tutu de la sculpture, l'Opéra disposant en outre d'un atelier de costumes très réputé. Ce tutu fut d'ailleurs l'objet d'une polémique car, en l'absence du vêtement d'origine, les spécialistes n'étaient d'accord ni sur sa matière, ni sur sa couleur, ni sur sa longueur. L'habit, cependant, par sa réalité concrète, ramenait à un corps – un corps vivant. « À force de m'intéresser aux juponnages de la demoiselle, écrit Martine Kahane, j'en arrivai vite à me poser bien des questions sur son identité. [...] Il m'apparut bientôt que, pour mieux connaître Marie Van Goethem, il fallait chercher du côté de son histoire familiale[144]. » La conservatrice de l'Opéra se plongea donc avec passion dans les archives disponibles, considérant que « la petite Marie faisait toujours partie de la Maison ».

Impatiente d'en savoir plus, je me suis procuré les coordonnées de Martine Kahane et je lui ai écrit aussitôt en la bombardant de questions. Elle n'a pas tardé à me répondre, visiblement contente ou amusée de voir quelqu'un reprendre le flambeau allumé par elle vingt ans plus tôt. Maintenant à la retraite, elle n'habitait plus Paris, mais elle y venait quelques semaines plus tard : nous pourrions donc nous rencontrer, et elle m'apporterait tout ce qu'elle possédait sur le sujet.

En attendant le jour fixé pour notre rendez-vous, j'ai tapé sur mon clavier « état civil Paris XIXe siècle ». C'était ainsi que je pourrais voir de mes propres yeux la date de naissance de Marie, qui variait inexplicablement selon les contributeurs, certains la faisant naître en 1864, d'autres, plus nombreux, en 1865, toujours dans le neuvième arrondissement. Le site des Archives de Paris est apparu aussitôt – c'était si facile, comment n'y avais-je pas pensé plus tôt ? Les registres de l'état civil ont été récemment numérisés, on peut remonter jusqu'en 1860. Il suffit de consulter les tables décennales où sont inscrits, par ordre alphabétique et par arrondissement, les noms de toutes les personnes nées, mariées ou décédées à Paris ; seuls les actes complets, avec filiation, sont réservés aux membres de la famille, qui doivent alors justifier de leur identité et de leur lien de parenté ; mais on obtient en ligne tous les actes simples, même sans aucun lien familial. On peut donc parcourir incognito sur le Net la vie, l'amour et la mort à Paris entre 1860 et 1974, avec des interruptions liées aux tragédies de l'Histoire – la Commune, les guerres –, et ces trous dans la chronologie des registres sont comme un trou dans le corps de l'humanité.

Je suis allée aux tables décennales, j'ai entré « type d'acte : naissance », « décennie : 1860-1872 », « arrondissement : 9e », « nom de la personne recherchée : Van Goethem ». Mes mains tremblaient, je me suis trompée de touche plusieurs fois, je sentais s'accélérer mes battements de cœur. De quoi avais-je peur ? De l'irruption violente du réel dans mon petit récit, telle qu'elle s'est produite un instant plus tard, quand j'ai zoomé sur la page gauche du feuillet 9 ? Pouvais-je prévoir que la réalité allait me sauter à la gorge et resserrer son étreinte à propos d'inconnus plus que centenaires ? Car elle n'était pas seule sur la page, Marie, Geneviève Van Goethem, née le 7 juin 1865. Elle était là parmi des dizaines et des dizaines de Van quelque chose, Van Germies, Vanberck, Van Houtte, Van Isacker, des centaines d'immigrés belges entassés sur l'état civil du neuvième arrondissement, elle était là avec sa plus jeune sœur, Louise-Joséphine, née le 19 juillet 1870 – Antoinette, l'aînée, n'y figurait pas, étant née en Belgique. J'ai pensé à cette famille misérable qui avait quitté Bruxelles dans l'espoir d'une vie non pas meilleure, seulement moins dure. En 1881, près d'un demi-million de Belges étaient déjà arrivés en France, traversant la frontière à pied pour s'installer dans le Nord ou continuer jusqu'à Paris. Et puis des Italiens, des Espagnols, des Polonais insurgés, des Juifs fuyant les pogroms. L'état civil me livrait en vrac les noms de leurs enfants dans cette fin d'alphabet, Urrabieta, Uruski, Verlek, Volpini, mêlés aux Vavasseur, Vidal, Vigneron, Vilain tout droit sortis de nos vieux terroirs. J'ai pensé aux migrants qui arrivent tous les jours en France avec leurs enfants, à leur dénuement encore plus grand qu'au XIXe siècle, à l'impossibilité où ils se trouvent maintenant d'être inscrits où que ce soit, d'appartenir. J'ai pensé à un reportage que j'avais vu, à ces enfants de dix ou onze ans qui allaient à l'école en Syrie et qui travaillent aujourd'hui dans des ateliers textiles turcs pour gagner la vie de leur famille. Je me suis souvenue de ce jeune garçon de quatorze ans qui aimait tellement aller à l'école et qui, le regard éteint, expliquait à la caméra que c'était dur d'avoir tout abandonné, qu'il avait l'impression d'oublier peu à peu tout ce qu'il avait appris mais qu'en travaillant il nourrissait ses parents et ses sœurs. Que va-t-il devenir ? Retournera-t-il un jour à l'école ? Cet enfant mourra-t-il en esclave pour faire des tee-shirts aux nôtres ? Le temps ne progresse pas à la même vitesse pour tout le monde. Un siècle et demi sépare ce garçon syrien de Marie Van Goethem, ils ont tous les deux quatorze ans, sont tous deux étrangers en France, et c'est la même condition, la même souffrance physique et morale. C'est aussi ce que Degas nous dit avec sa *Petite Danseuse*, son présent est universel, il le projette dans tous les temps, il informe l'avenir de ses mains.

Je suis restée en pensée avec ces enfants malheureux, morts et vivants. J'ai songé au siège de Paris en 1870, pendant lequel Marie, âgée de cinq ans, avait dû être terrorisée par le bruit du canon, comme les enfants d'Alep sous les bombes. Comment surmonter l'effroi, le froid, la faim, la douleur ? Et était-elle encore en vie pendant la Première Guerre mondiale ? Quand je suis sortie de ma sidération, la page de l'état civil était toujours affichée sur mon écran ; regardant à nouveau les lignes du registre, j'ai remarqué quelque chose qui m'avait échappé d'abord. Juste au-dessus de Marie, Geneviève Van Goethem – son prénom, comme tous les autres, était écrit en abrégé M-ie G-ève –, née le 7 juin 1865, il y avait M-ie Van Goethem, née le 17 février 1864. Étrange découverte. Il y avait donc bien deux Marie, deux dates de naissance. Laquelle était la petite danseuse ? J'ai alors consulté les actes correspondants. C'étaient deux sœurs, nées à seize mois d'intervalle – je n'avais pas besoin de calculer, parce que j'ai moi-même mis au monde deux enfants nés l'un en février 1994, l'autre en juin 1995, la correspondance des dates m'a tout de suite frappée, cent trente ans plus tard, et je me suis dit aussitôt, poursuivant le parallèle, que l'une des deux avait dû mourir, comme pour moi. J'ai repris la même table décennale, mais pour les décès, et je l'y ai trouvée, Marie Van Goethem, morte le 7 mars 1864, à l'âge de dix-huit jours. Voilà ce qui expliquait la confusion des deux dates dans les articles sur la *Petite Danseuse*. Les parents, comme cela se pratiquait souvent, avaient donné à leur fille suivante le prénom de sa sœur morte, tout comme ils avaient voulu transmettre à leur descendance leurs propres prénoms. Les actes de naissance mentionnaient en effet le père, Antoine Van Goethem, tailleur (qui avait déjà transmis son prénom à son aînée, Antoinette, née en Belgique), et Marie Van Volson, la mère. Ils s'étaient mariés à Bruxelles en 1857. Sur cette même page des tables alphabétiques, à la ligne précédente, il y avait un autre Van Goethem, Jean-Baptiste, mort le 14 février 1862. L'acte m'a confirmé que c'était leur premier et seul fils, né à Bruxelles et décédé à Paris à l'âge de trois ans et cinq mois.

L'archive est un gouffre, c'est une spirale à l'attraction de laquelle il est impossible de résister. Chaque détail prend une place démesurée dans l'esprit, tout fait signe comme dans une histoire d'amour, tout est matière à interprétation, à obsession. Il y a une pathologie de l'archive, une passion peut-être aggravée quand on est romancier. Il y a une souffrance de l'archive, son pouvoir d'émotion est exceptionnel, violent, dangereux. La réalité est partout, dans les numéros des feuillets et des actes, dans l'écriture manuscrite à l'encre noire de l'employé plus ou moins pressé, plus ou moins artiste – calligraphie, pattes de mouche, pleins et déliés de la plume, souvenirs scolaires. Le réel gît dans les détails, acte n° 289, Marie, née le 17 février à 1 h du matin, chez ses parents, 34 rue Lamartine, le père a signé. Acte n° 1033, mercredi 7 juin 1865 – c'était un mercredi, pourquoi en avoir les larmes aux yeux ? Marie, Geneviève, « née ce matin à 8 h chez ses père et mère, place Bréda, n° 8 ». Depuis l'année précédente, ils avaient déménagé pour la place Bréda, connue comme l'un des endroits les plus sordides de Paris. « Déclaration faite en l'absence du père, par Virginie Laury, sage-femme » et signée par deux témoins, deux « garçons de bureau » domiciliés rue Pigalle. Pourquoi le père n'était-il pas là à la naissance de Marie Geneviève ? Était-il en voyage, en fuite, mort ? L'acte de décès de Marie, en 1864, est encore signé du père et d'un jeune témoin, « Pierre, 25 ans », « frotteur ». L'état civil fourmille de ces métiers populaires parfois mystérieux, dont certains existaient toujours dans mon enfance : porteur d'eau, limonadier, charbonnier, rémouleur, vermicellier (ombre du père Goriot)… Sur les registres, les épouses n'ont jamais de profession : même quand elles travaillaient ce n'était pas mentionné, l'homme seul comptait, sa force. Le travail des femmes signait leur faiblesse, leur célibat ou leur veuvage.

Le 7 mars 1864, outre Marie, cinq personnes sont mortes dans le neuvième arrondissement de Paris : une petite fille de deux ans, déclarée par son père, journalier ; un bébé né sans vie, « qu'on déclare être sorti du sein de sa mère hier soir à 4 heures » ; une parfumeuse de quarante ans, célibataire ; une femme de trente-cinq ans, fille d'un peintre sur porcelaine ; un propriétaire de vingt-huit ans né à New York, déclaré par l'agent du consulat américain. La mort égalise tous ces êtres et les rend pathétiques et poétiques, chacun devient un personnage en puissance, un spectre romanesque, une histoire fantôme.

J'ai erré un peu parmi cette foule manuscrite, puis je suis revenue à la petite danseuse. Marie (Geneviève) Van Goethem. Ce n'est pas très facile, me disais-je, l'ayant vécu moi-même et observé chez ma propre fille, ce n'est pas très facile d'évoluer avec légèreté dans la fraternité d'un mort, et plus encore lorsqu'il faut porter le poids de son prénom. J'ai songé aussi à Vincent Van Gogh dont le prénom était celui d'un frère mort-né.

Après avoir épuisé les tables décennales 1860-1872 et 1873-1882 et les actes correspondants de tous les arrondissements de Paris, je me suis trouvée environnée de nombreux Van Goethem.

C'était, semble-t-il, un patronyme belge très courant, l'équivalent des Martin ou des Durand français. Difficile dans ces conditions d'identifier la famille proche de Marie. Il est probable qu'un cousin, un oncle ou une tante, émigrés de Belgique eux aussi, aient fait partie de leur entourage, mais comment savoir ? La seule certitude concerne la fratrie. Marie Van Goethem mère a eu cinq enfants, dont deux sont décédés en bas âge, ce qui n'avait rien d'exceptionnel à cette époque, de surcroît dans ce milieu. Poursuivant mes recherches dans la suite de la chronologie (je ne pouvais plus m'arrêter, les heures passaient sans que j'éprouve faim ni soif, le désir de savoir occupait tout l'espace), soudain mon cœur s'est arrêté, j'ai cru l'avoir trouvée, la petite danseuse : Marie Van Goethem, morte le 30 octobre 1908 – quarante-trois ans, me suis-je dit, quarante-trois ans, ça ne m'étonnait pas qu'elle soit morte jeune. Mais l'acte de décès m'a détrompée. Il s'agissait de la mère, née Van Volson, veuve d'Antoine Van Goethem, « âgée de soixante-dix ans, sans profession, domiciliée rue Gaillard, 3, décédée à l'Opéra le 28 octobre courant à cinq heures et demie du soir ». L'acte a été établi le surlendemain 30 octobre et signé par deux témoins, « non parents ».

Décédée à l'Opéra ! Je n'en revenais pas. En quelque sorte, la mère de la Petite Danseuse était morte dans un tableau de Degas. Était-elle en coulisses ou, quoique déclarée «sans profession», dans une loge, aidant à l'habillage ? Était-elle assise pendant une répétition sur le banc des mères, que l'on voit peint au fond de plusieurs toiles ? Mais elle n'avait plus qu'une seule fille à l'Opéra, qui n'était plus un petit rat : Louise-Joséphine avait trente-six ans, elle venait de passer professeur après une brillante carrière. Je n'avais pas bonne opinion de cette mère qui avait amené deux de ses filles à se prostituer, alors pourquoi étais-je émue ? C'est que l'imagination, enfourchant l'archive, reprenait le dessus. Je voyais la scène. Cette mère de soixante-dix ans qui continuait d'accompagner sa benjamine à l'Opéra me touchait, même si j'avais bien conscience que la réalité était sans doute plus sinistre. Mme Van Goethem, veuve, s'accrochait vraisemblablement à un travail qui lui permettait encore de gagner quelques sous, et surtout à cette enfant qui lui devait sa réussite. «Tu n'oublieras pas ta mère quand tu seras heureuse» était, selon Théophile Gautier, la phrase la plus répandue dans les coulisses de l'Opéra. Mais j'imaginais sa mort soudaine tandis qu'elle contemplait le succès de sa dernière fille – celle-ci s'était-elle précipitée vers elle en la voyant tomber, foudroyée par une attaque, ou bien était-elle indifférente à la disparition d'une mère vénale et peu aimante ? Je préférais la première hypothèse, ou plutôt ma première vision. Je me représentais la mère et sa fille comme les dernières survivantes de la famille défunte. Le père était mort, et aucune des deux autres sœurs n'était mentionnée sur l'acte civil, signé par des « non-parents ». J'imaginais Louise-Joséphine d'autant plus bouleversée que toute trace de Marie et d'Antoinette était absente de ma fiction improvisée. C'était stupide, mais en lisant les circonstances de ce décès, en imaginant la scène, soudain j'avais la certitude que les autres étaient mortes.

Martine Kahane, que je vis deux semaines plus tard, conforta ce sentiment. Elle me donna la chronologie qu'elle avait pu établir à propos de la famille Van Goethem. Antoinette, l'aînée, est morte à trente-sept ans, le 20 mars 1898. Son décès, 68, rue des Chantiers, à Versailles, a été déclaré par deux témoins, « à défaut de parents ». Sa mère et au moins l'une de ses sœurs étaient toujours vivantes, mais elle avait, semble-t-il, cessé toute relation avec elles, si bien que le voisinage ne les connaissait pas. Le registre d'état civil indique « rentière, célibataire ». Quand on se retourne sur la vie d'Antoinette, on comprend ce que pouvait être cette « rente ». Passé la prime jeunesse et ses déboires avec la justice, Antoinette a su trouver un riche protecteur et se ranger tranquillement hors de Paris en oubliant ses frasques. Elle apparaît en effet des années plus tôt, à l'âge de vingt et un ans, dans les archives du tribunal de première instance de la Seine : la 11e chambre correctionnelle condamne « la fille Vangoethen [*sic*] à trois mois d'emprisonnement et aux dépens liquidés à seize francs soixante-six centimes, plus trois francs pour droit de poste. Fixe à cinq jours la durée de la contrainte par corps, s'il y a lieu de l'exercer, pour le recouvrement des dépens ». Antoinette a dérobé à un de ses « clients » la somme de 700 francs dans son portefeuille tandis qu'ils dînaient au fond d'un salon privé. Les gazettes de l'époque, suivant le rapport de police, indiquent qu'après le larcin Antoinette Van Goethem a été arrêtée à la gare le 20 juillet 1882 alors qu'elle tentait de s'enfuir en Belgique « avec sa mère et sa sœur ». Sa sœur, c'est Marie, qui a été renvoyée de l'Opéra deux mois plus tôt. « Révoquée » : c'est le mot qui figure sur le registre comptable de l'Opéra de Paris, en date du mois de mai 1882. En feuilleter les pages photocopiées par Martine Kahane ramène avec émotion les travaux et les jours de la Petite Danseuse. Chaque petit rat a sa ligne, où sont notés son emploi (Marie n'a jamais dépassé le grade le plus bas, 2e classe), ses appointements par an et par mois, les retenues diverses qui réduisent le « reste net à payer ». Suivent deux colonnes, « Émargements » et « Observations ». C'est dans cette dernière que Marie Vangoenthém (l'orthographe est encore fautive) est inscrite « révoquée » et « démissionnaire ». Avant cette date fatidique, elle touchait 71,25 francs net par mois, souvent moins quand des amendes étaient portées à son débit. Ainsi, en janvier 1882, elle n'a perçu que 63,75 francs, à cause de 7,50 francs d'amendes. En avril 1882, que 35,65 francs. En marge est notée l'observation suivante : « 15 jours sans appointements. » Elle sera renvoyée le mois suivant.

Les registres de l'Opéra permettent ainsi de retracer l'évolution ou plutôt la perdition de Marie, parallèle à ses débuts dans la carrière de modèle. Plus elle pose pour Degas – et sans doute pour d'autres artistes moins connus –, moins elle est assidue aux répétitions du ballet. C'est que le peintre des danseuses paie beaucoup mieux que l'administration du palais Garnier. Une séance de quatre ou cinq heures de pose lui rapporte deux ou trois fois plus qu'une journée à l'Opéra, lui donne plus de temps libre et moins de fatigue. D'ailleurs, elle n'a pas vraiment de dons pour la danse, et le milieu de la bohème, des cafés et des cabarets est plus amusant – Le Chat noir vient d'ouvrir, en novembre 1881, elle y va souvent. Pourtant, après sa radiation, on ne la retrouve nulle part, si ce n'est à la gare, accompagnant sa sœur dans sa fuite. C'est la dernière trace certaine qu'on a d'elle. Il semble qu'elle ait vécu quelque temps en Belgique au début des années 1890, puis une Marie Van Goethem est domiciliée brièvement 43, rue Fontaine à Paris en 1893, mais c'est peut-être sa mère. La piste s'arrête là : plus rien dans les *Carnets* de Degas, rien au cadastre ni dans les fichiers de police, ni mariage ni naissance d'un enfant ni décès répertoriés dans aucun des vingt arrondissements de Paris. Est-elle restée célibataire, comme ses sœurs ? A-t-elle trouvé un protecteur qui la mette à l'abri du besoin, comme Antoinette, ou qui lui offre une vie honorable quoique marginale, comme Louise-Joséphine, qui sera jusqu'à sa mort la maîtresse respectée du peintre Fernand Quignon ? On l'ignore. Aucun des Van Goethem de l'annuaire que j'ai appelés n'a entendu parler d'une ancêtre qui aurait posé pour Degas. Au contraire de ses deux sœurs, Marie a disparu sans laisser de traces. La petite danseuse s'est envolée. Pour toute sépulture, une fosse commune a sans doute accueilli sa dépouille. Dans les cimetières où j'irai chercher en vain sa dernière demeure, on me demandera : « Marie Van Goethem ? Est-elle célèbre ? »

Nous sommes là, Martine Kahane et moi, autour de nos tasses de chocolat, c'est l'hiver 2016, des copies d'archives sont éparses sur la table et nous discutons ferme pour savoir ce qui a pu se passer en 1882. Martine dit quelque chose à propos du niveau de vie des Van Goethem qui a dû s'effondrer quand Marie a été révoquée de l'Opéra. Cela expliquerait le vol d'Antoinette : en mai 1882, la famille ne dispose plus du salaire de Marie. Seule Louise-Joséphine est encore

142

rémunérée, mais elle est débutante, très peu payée. En juillet, Antoinette vole 700 francs pour qu'elles puissent continuer de vivre, de se loger. Le renvoi de Marie a été déterminant, c'est sûr, dit Martine Kahane.

Je me tais, j'ai peur de me mettre à chevroter si je formule à voix haute ma pensée, notre pensée commune. Le manège du chagrin recommence à tourner dans ma tête. Si Edgar Degas n'avait pas pris Marie pour modèle de sa *Petite Danseuse*, celle-ci serait probablement restée à l'Opéra. Elle n'aurait peut-être pas eu la carrière de sa sœur cadette, mais qui sait? En persévérant dans la danse, elle aurait échappé à cette descente aux enfers qu'on n'a pas de mal à imaginer. A-t-elle pensé avoir une vie meilleure comme modèle – moins de souffrance et plus d'argent? A-t-elle vite compris son illusion? Et Degas, dans l'histoire? A-t-il continué de faire travailler Marie après ses déboires? Ou bien n'a-t-elle réellement occupé que quatre ou cinq années de sa vie d'artiste? Tous les dessins et toiles qui paraissent la représenter datent d'une période très courte, autour de 1880. Est-ce elle sous les traits de cette modiste aux pommettes saillantes, dessinée au fusain en 1882? Elle sous l'épaisse chevelure de cette ballerine? Elle à l'arrière-plan de la *Danseuse verte*, remontant son épaulette? On croit encore reconnaître ses joues, son front dans la *Chanteuse en vert*, datée de 1884. Ensuite, d'autres modèles se disputent les faveurs de Degas pour les œuvres nouvelles. L'a-t-il aidée, secourue ? Nulle trace d'une intervention de sa part auprès du directeur de l'Opéra, Vaucorbeil, comme il l'a fait pour d'autres – par exemple pour Mlle Chabot, ballerine à l'Opéra, désireuse d'être augmentée, dont il écrit en 1883 à Ludovic Halévy : « Vous devez savoir ce que c'est qu'une danseuse qui veut qu'on parle pour elle. Elle revient deux fois par jour savoir si on a vu, si on a écrit. […] Je n'avais pas encore l'idée d'une pareille enragée. Et elle veut que ce soit de suite. Elle vous prendrait dans ses bras avec une couverture et vous porterait à l'Opéra, si elle pouvait[145] ! » Plusieurs lettres des années 1880-1884 attestent le secours que Degas, malgré son apparent agacement, prodiguait aux « petites chéries » du palais Garnier. Marie avait-elle moins d'aplomb, moins de charme, ou simplement aucun désir d'être réintégrée ? En tout cas, elle n'a rien demandé, et il n'a rien fait. Et j'ai un pincement au cœur en lisant dans les mémoires de Daniel Halévy consacrés au peintre un extrait d'une joyeuse lettre de lui : « Donc, jeudi prochain, 15 juin 1882, il y a une petite crémaillère-soirée, 21 rue Pigalle, dans le plus bel appartement au troisième qu'il y ait dans tout le quartier[146]. » Marie vient d'être renvoyée de l'Opéra, Antoinette va bientôt aller en prison, Degas emménage dans un plus bel appartement. La divergence des lignes de vie se précise encore davantage sur la grande paume du temps. Degas a-t-il seulement revu Marie dans les années qui ont suivi ? Ses carnets ni la presse ne la mentionnent jamais après 1882, alors même qu'il continue de remanier sa sculpture. « J'ai beaucoup travaillé la petite cire », écrit-il en juin 1889[147]. C'est comme si la statue de Degas avait absorbé toute la vérité de sa vie et qu'elle n'ait plus eu, elle, comme dans *Le Portrait ovale* d'Edgar Poe, qu'à disparaître de la surface ou de la profondeur du temps. À force d'être modelée par le désir et la vision de Degas, n'avait-elle plus qu'à s'effacer ? Est-ce payer trop cher le tribut à l'art, ou bien n'aurait-elle pu rêver essor plus vaste à sa vie minuscule ? Je pense à la définition qu'en a donnée Pierre Michon pour éviter la condescendance et le misérabilisme de circonstance : « J'ai appelé minuscule tout homme dont le destin n'est pas à la hauteur du projet, c'est-à-dire tout le monde[148]. » Relisant ces mots, je me dis qu'ils ne s'appliquent pourtant ni à Edgar Degas ni à Marie Van Goethem. Degas a eu un destin à la hauteur de son projet. Quant à Marie, son destin n'est pas mesurable, parce qu'elle n'avait pas de projet – certainement pas celui d'être une icône de l'art moderne ni de tenir la pose éternelle dans les plus grands musées du monde. Cependant, ne sachant rien de sa mort à elle, j'ai tendance à la confondre dans mon imagination avec sa vieillesse à lui, d'une solitude épouvantable. Il m'arrive même de penser que les interminables marches que faisait Degas tous les jours pendant des heures, à la fin de sa vie, et dont personne autour de lui ne comprenait le sens ni le but, étaient sa manière inconsciente de rester avec ces petits rats qu'on surnommait les « marcheuses ». Il ne pouvait plus ni les voir, ni les peindre, ni les modeler, mais il marchait toujours avec elles. L'oraison funèbre d'Edgar Degas inventorie « amours inexistantes, déboires familiaux, amitiés gâchées » et la métamorphose d'une « timidité native » en « véritable acharnement au malheur »[149], et je ne parviens pas à distinguer ce dénouement connu de celui de Marie, dont j'ignore tout. « Je pleure bien souvent sur ma pauvre vie[150] », disait-il. Le spectre de Marie s'enfonce dans cette lourde pénombre où Degas sombra lui-même, son fantôme est emporté, enterré avec sa dépouille. Rien ne peut plus les séparer. Si l'on considère leurs deux vies comme une seule, à l'instant T du temps qui nous les montre à la fois proches et lointains, comme un couple éphémère à travers une paroi de verre, cette vie n'est ni minuscule ni majuscule. C'est une vie laborieuse. Et triste, je crois. C'est aussi une vie capitale, pourtant, une vie souveraine et infinie. Tous deux y ont fait, vivants, elle posant, lui sculptant, l'expérience de la mort. La statuette restitue leur présence absente. Elle est leur monument, leur requiem.

J'ai du mal à terminer ce livre, car j'ai du mal à quitter Marie. Je ne pensais pas formuler jamais une telle phrase. « Je suis triste de quitter mon personnage. Il m'obsède. Je continue de penser à lui, à elle… » D'habitude, les auteurs qui prétendent cela m'exaspèrent, je les trouve conventionnels, hypocrites, ridicules. Pourtant, c'est ce que j'éprouve aujourd'hui avec la petite danseuse, avec *ma* petite danseuse, ai-je failli écrire. C'est peut-être parce qu'elle a un corps ; fût-il en cire ou en bronze sous mes yeux, ce corps a existé, il a traversé des rues de Paris où je peux suivre sa trace aujourd'hui, je peux aller 36, rue de Douai et chercher l'immeuble où ce corps a vécu quand il posait pour Degas – d'ailleurs je l'ai fait, mais le taudis qui l'abritait a dû être détruit au milieu des années 1950, à cette adresse il y a maintenant un hôtel bon marché en béton. Je peux aller à l'Opéra Garnier voir la scène où elle a dansé, bien sûr le plafond n'est pas le même, la salle a été rénovée, mais ses jambes se sont tendues vers le rouge des velours, l'or des lambris, ses bras se sont arrondis sous la machinerie complexe du plateau, ses yeux ont vu cette salle où des bourgeois continuent de venir chercher du désir. Elle est une personne et non un personnage, même si, en un sens, la sculpture faisant récit lui en donne le statut. Je sais qu'elle a vécu, je n'ai pas inventé sa vie, je n'aime pas inventer la vie. Ma grand-mère aurait pu la croiser, elle qui était née à Paris en 1907 – Marie était-elle déjà morte à cette date, c'est-à-dire à quarante-deux ans ? Nul ne le sait. En tout cas, elle a pu rencontrer mon arrière-grand-mère, née en 1890, cousette pauvre puis mère célibataire, que j'ai moi-même connue – elle est morte en 1972. À travers mon ancêtre, il y a un lien entre elle et moi dans le temps, c'est ce que je ressens, ce n'est pas si loin, en fin de compte. Je n'appartiens plus à cette classe populaire d'où mon arrière-grand-mère, comme Marie, était issue, descendue à Paris des corons du Nord, mais je m'en souviens, je me souviens qu'au salon de coiffure qu'elle avait acheté avec ses économies, elle racontait comment elle brûlait à la bougie les pointes de cheveux des danseuses pour les fortifier et les embellir avant un spectacle. Je me rappelle aussi que mon père lui avait formellement interdit de le faire sur moi.

Il y a quelques jours, je suis retournée « la » voir au musée d'Orsay. Elle était là, souveraine, on aurait dit que de dessous ses paupières mi-closes elle contemplait les chefs-d'œuvre de Degas accrochés au mur en face d'elle. Pendant que je prenais, comme un adieu, des dizaines de photos – cette « mort plate » – une jeune femme qui m'observait en coin depuis un moment s'est avancée vers moi, m'a tendu son téléphone portable et m'a demandé en anglais si je voulais bien la photographier à côté de la statuette. J'ai accepté. Elle m'a dit d'attendre un peu, le temps de prendre la pose, et elle s'est mise exactement dans la position de la Petite Danseuse. Elle avait dû préparer son plan car elle avait dans ses longs cheveux un ruban vert, et elle n'a mis qu'un instant à trouver ses marques – pieds en quatrième, doigts noués dans le dos, menton levé. De mon côté, je n'ai pas eu le temps de calmer mon cœur qui s'était emballé d'un coup dans ma poitrine, et pourquoi donc ? J'ai pris quatre clichés afin de parer au tremblement de mes mains. La jeune femme était australienne. Non, elle n'était pas danseuse. Simplement, elle avait beaucoup entendu parler de cette sculpture quand elle était enfant, sa grand-mère lui avait expressément recommandé d'aller la voir pendant son séjour à Paris, alors voilà, elle allait lui rapporter cette photo double, ce serait une jolie surprise, merci.

De retour chez moi, bouleversée – mais pourquoi donc ? –, j'ai pensé à ma grand-mère, dont j'ai partagé la vie durant toute ma jeunesse. Était-elle jamais allée dans un musée ? Rien n'est moins sûr. Je me suis dit que je ne savais rien de sa naissance, de son enfance – encore moins que de Marie. Je savais seulement – cette information m'avait marquée – qu'elle était née à Paris : elle était fière d'être la seule Parisienne de notre provinciale famille. Sa mère, Sophie, engrossée, comme on disait à l'époque, par un garçon vite envolé, avait en effet quitté son coron natal d'Hénin-Liétard pour venir accoucher dans l'anonymat de la grande ville et fuir ainsi les commérages, fortement encouragée voire poussée à l'exil par une mère sans tendresse. Ce début dans la vie est digne de Zola. M'est alors venue l'envie de savoir où elle avait atterri, seule dans la capitale inconnue. Était-ce, comme les Van Goethem, dans le neuvième arrondissement, quartier resté très pauvre en ce nouveau siècle commençant ? Cela aurait fait entre nous un lien supplémentaire.

À présent que j'étais devenue familière des archives de l'état civil, j'ai entrepris une recherche sur Internet. Ma grand-mère n'apparaissait pas dans les tables décennales du neuvième. J'ai alors fait défiler tous les arrondissements. Cela m'a pris un peu de temps, mais, dans le huitième, soudain je l'ai trouvée : Liétard Marcelle, Jeanne, rajoutée rafistolée entre deux lignes du registre, comme oubliée par le copiste ;

d'une certaine manière, ce rajout la figurait, enfant sans père, interdite, inscrite mais pas reconnue, née entre les lignes. J'étais émue de la trouver là, ma grand-mère, perdue dans cette longue liste calligraphiée à l'encre noire, avec des majuscules comme on apprenait à les faire à l'école, autrefois, d'une plume solennelle. Tous ces noms donnaient le tournis, le caractère d'imprimerie ne produit pas le même effet : là c'est l'histoire des hommes écrite à la main, le cycle inlassable des humains et celui des fonctionnaires besogneux s'appliquant à écrire, réparant une erreur, disparaissant eux aussi pour laisser place, sur les registres, à une autre écriture, moins lisible, moins appuyée ou plus belle au contraire, ces changements de main mimant à échelle d'homme le déroulé incessant du temps, passant le relais.

Comme sa naissance était postérieure à 1903, l'acte n'était pas lisible en ligne, je devais le demander et je le recevrais par la poste. C'est ce que j'ai fait. J'ai reçu le document dix jours plus tard, de la mairie du huitième. Dans l'intervalle, je m'étais demandé ce qui y serait inscrit, je m'attendais à lire « de père inconnu ». C'est une autre formule que j'ai dû déchiffrer : « de père non discriminé ». Je comprenais bien le sens de cette expression administrative, mais le mot a entaillé ma chair. J'avais beau savoir que la racine du mot « crime » venait d'un mot grec signifiant à

151

l'origine « juger », « séparer », « choisir », c'était le mot « crime » que j'entendais, et la connotation immorale qui s'attachait ainsi à mes arrière-grands-parents : parmi tous les hommes possibles, on n'avait pas pu établir duquel mon arrière-grand-mère avait été enceinte ; pire encore, parmi tous les criminels existants, on n'avait pas pu établir lequel était le père de ma grand-mère. Durant une minute, le mot « incriminé » a déployé ainsi toute sa palette fantasmatique, de la prostitution aux apaches, jusqu'à la petite danseuse « criminelle ». Puis je suis revenue à la raison et j'ai relu, le cœur battant tout de même violemment, j'ai analysé, soupesé, étudié chaque détail de l'acte de naissance de ma grand-mère, Marcelle Jeanne, née l'an mil neuf cent sept, le premier octobre à neuf heures du soir, rue du Faubourg-Saint-Honoré, 208. L'adresse, très chic aujourd'hui, était alors celle d'un hôpital de l'Assistance publique – ancien hospice tenu par les sœurs de la Charité. Google Maps m'a montré l'hôtel Beaujon, magnifique bâtiment du XVIIIᵉ siècle qui abrite actuellement différentes associations culturelles. Marcelle Jeanne, donc, « fille de Sophie Liétard, domestique, domiciliée à Paris, avenue de Villiers, 135 ». Adresse beaucoup moins élégante, bien sûr, même si aujourd'hui, sur la photo Google, la façade de cet immeuble haussmannien, fraîchement ravalée, a belle allure.

Mais le plus surprenant pour moi, c'était la profession indiquée. Avant de tenir un salon de coiffure / parfumerie à Dijon, mon arrière-grand-mère disait toujours avoir été couturière. En lisant « domestique », j'ai eu les larmes aux yeux. Je venais de découvrir, si longtemps après, ce qu'elle avait toujours gardé secret, sa honte intime sans doute. Servir chez les autres, obéir aux ordres, ce devait être pour elle la pire des humiliations, bien plus que d'accoucher sans mari. Je l'ai toujours vue fière d'aller « au magasin » tôt le matin, même à quatre-vingts ans passés elle se levait la première, elle arrivait avant ses employées, c'était normal, elle était « la patronne ». Sa fille, elle, n'a jamais travaillé ; de cela aussi, elle était fière.

Il y avait autre chose de très étrange sur cet acte. En marge, avant différentes mentions ultérieures notifiant notamment mariage et décès, il était indiqué que Sophie Joseph Liétard avait « reconnu pour sa fille l'enfant inscrit ci-contre » le 17 octobre 1907, soit plus de deux semaines après sa naissance. Comme pour Marie Van Goethem, l'archive une fois de plus, loin de combler les vides, ouvrait des abîmes à la pensée. Ainsi, pourquoi distinguer sur l'acte civil naissance et reconnaissance ? Concernant la mère, c'était stupide, me disais-je. *Mater certissima.* Ou alors… Que signifiait ce délai ? Que Sophie, malade, n'avait pas pu déclarer sa fille, dès lors administrativement enregistrée mais

non légalement reconnue ? Ou bien cet intervalle de temps traduisait-il une hésitation, une
velléité d'abandonner l'enfant après l'avoir mise
au monde ? Je ne savais pas, mais sans savoir
je comprenais, mon empathie était totale. Toujours est-il, ai-je d'ailleurs balayé d'un revers de
souvenir, toujours est-il qu'elle ne l'avait pas
abandonnée et que Sophie Joseph (bizarre aussi,
ce prénom d'homme accolé à Sophie – c'était
sans doute le prénom de son père), Sophie
Joseph, donc, avait vaillamment élevé Marcelle
Jeanne. Elles avaient vécu toutes deux plusieurs
années à Paris entre 1907 et 1913, date à laquelle,
pour une raison inconnue, elles s'étaient ins-
tallées à Dijon. La fille et la mère ne s'étaient
plus jamais quittées, je les ai toujours connues
ensemble, vivant sous le même toit avec mon
grand-père qui les avait fait accéder au statut
plus enviable de bourgeoises. Ma grand-mère,
surtout, était réputée pour son élégance et son
maintien. Mon arrière-grand-mère, elle, a toujours gardé, dans sa façon d'être, quelque chose
de rude qui venait du peuple et ne souhaitait pas
le quitter. Malgré la proposition de son gendre,
elle n'a jamais voulu de domestique. Sur une
photographie en noir et blanc que j'ai d'elle, où
elle a environ quarante-cinq ans, elle ressemble
étrangement à Louise-Joséphine Van Goethem
au même âge, quand celle-ci était professeur à
l'Opéra – mêmes traits avenants sans être jolis,

même corps trapu et corseté, même regard droit devant. Sophie et Marcelle ont pu la croiser à Paris au cours d'une promenade. Elles ont pu aussi apercevoir Degas, mort en 1917, qui, les dernières années de sa vie, marchait chaque jour plusieurs heures dans la capitale, arpentant la ville comme le lui avait conseillé son médecin. C'est tout à fait possible. Pour Marie, je ne sais pas.

Quand j'étais petite, à Dijon, comme la plupart des filles, je faisais de la danse classique. J'allais deux fois par semaine avec ma sœur Dominique à un cours très réputé, près du théâtre. Le professeur était un gros monsieur imposant qui menait son monde à la baguette, littéralement – il corrigeait nos positions à l'aide d'une badine dont il ne se dessaisissait jamais. Il nous faisait peur, nous menaçait du pire destin si nous ne l'écoutions pas. J'avais sept ou huit ans, ma sœur dix. Il s'était persuadé que nous étions très douées. Dominique possédait la souplesse, moi la grâce, affirmait-il à ma mère ou à ma grand-mère qui nous accompagnaient. «À vous deux vous feriez une danseuse étoile», plaisantait mon grand-père à qui on avait répété l'éloge. Mais le gros monsieur ne plaisantait pas, lui. Il était certain qu'en travaillant d'arrache-pied nous pouvions entrer toutes les deux comme petits rats à l'Opéra de Paris – après Pauline et Virginie, héroïnes de papier sous la IIIe République,

Dominique et Laurence, futures étoiles au firmament des idoles. Nous en avions le potentiel, à charge pour nous de produire l'effort, en prenant des cours supplémentaires, en répétant chez nous, en marchant avec un dictionnaire sur la tête. Il nous dirait quand il nous jugerait prêtes, et il nous présenterait lui-même à l'examen d'entrée. L'Opéra de Paris !!! Je crois que cet avenir ne faisait pas rêver ma sœur, mais moi, oui. J'avais vu le palais Garnier de l'extérieur en allant pour la première fois à Paris avec ma mère, l'été précédent, nous étions passées devant son imposante façade, j'avais monté et descendu son grand escalier en faisant les pointes, les bras arrondis, avant de rejoindre le musée Grévin et de m'amuser de ses figures de cire. Le bâtiment m'avait impressionnée. Je harcelais ma mère pour qu'elle me fasse tous les matins le petit chignon rond bien serré sans lequel il n'y a pas de ballerine. Pour montrer à mes amies et au monde entier (les passants dijonnais) comme je dansais bien, je sortais en chaussons de danse dans la rue et je faisais des arabesques sur le trottoir devant chez moi. J'écoutais *Le Lac des cygnes* en boucle. Toutes mes poupées avaient des tutus et des serre-tête en strass.

Un jour que ma sœur prenait sa douche, ma mère a remarqué de profondes zébrures rouges sur ses cuisses. « Qu'est-ce que c'est ? » s'est-elle exclamée. C'étaient les coups de baguette dont

le professeur lui cinglait les jambes à tout-va pendant les cours : « Quatrième position ! J'ai dit
quatrième ! » Ma mère ne savait pas quoi faire,
elle était partagée entre le respect du travail artistique, le sens du nécessaire sacrifice et le sentiment que tout cela n'était pas très catholique.
Elle a fini par en parler à mon père. Ma sœur a
relevé sa jupe pour lui montrer la chose. « Qu'est-
ce que c'est que ce vieux pervers ? a dit mon
père. Il n'est pas question qu'elles retournent là-
bas, c'est terminé. Qu'il s'estime heureux que je
ne porte pas plainte. » Et ç'a été fini. Ma mère n'a
pas cherché un autre cours pour nous, ou bien
c'était trop loin, il aurait fallu prendre la voiture.
Je ne me souviens pas si j'ai insisté. J'ai dû me
ranger à la décision familiale : nous avions un vrai
protecteur, ma sœur et moi, pas comme les tiens,
Marie, et des parents qui nous aimaient, même
s'ils ne comprenaient rien. Sans doute me suis-je
contentée, chez ma grand-mère dont les fenêtres
donnaient sur le théâtre, cachée derrière les
rideaux, de regarder les répétitions chaque fois
que s'y préparait un spectacle de ballet. Après
l'arrêt brutal des cours, j'ai tout de même continué quelque temps de faire mes exercices. Je
chaussais mes demi-pointes et je répétais mes
positions en me tenant au montant de mon lit.
Quand il n'y avait personne dans l'appartement,
je traversais et retraversais le salon sur la pointe
des pieds avec un dictionnaire sur la tête – c'était

un volume du *Larousse illustré*, pas toujours le même, que je prenais dans la bibliothèque vitrée de mes parents. Et puis un jour, j'en ai eu assez de déambuler ainsi dans un avenir mort. J'ai ôté le dictionnaire de ma tête, je me suis assise, je l'ai posé sur mes genoux, et je l'ai ouvert. Une autre existence m'est alors apparue, où je vis toujours.

Le temps a passé. Mais j'ai gardé la passion de la danse. Je ne l'ai pas transmise, en revanche. À l'âge où tu étais petit rat et où je rêvais de le devenir, ma fille ne jurait que par le football. La seule fois où, en cours préparatoire, elle a dû danser pour le spectacle de fin d'année de l'école, elle a refusé net le chignon, a envoyé valser le tutu et a dansé tout le ballet en salopette, menton levé, avec ce petit air d'indépendance que tu n'aurais pas renié. Le public était consterné : tant d'insolence chez une si petite fille. C'est que les choses ont bien changé pour les filles, l'âge heureux a d'autres terrains de jeux. Moi je continue d'aimer la danse, surtout contemporaine ; la magie des tutus et des pointes est passée, pas celle des corps en mouvement. Je suis abonnée, comme l'était Degas, à des spectacles de danse, je n'y retourne pas trente soirs de suite comme il pouvait le faire, mais il m'est arrivé d'en revoir certains quatre ou cinq fois. J'aime être devant, le plus près possible de la scène, pour voir le visage des danseurs, des danseuses, leurs corps luisants, leurs tremblements. La danse me fait pleurer souvent, je ne sais pas pourquoi. Peut-être est-ce l'art qui me dit le mieux que je vais mourir. Peut-être est-ce l'art qui me dit le mieux que je suis vivante. Ou bien me permet-il seulement de « danser sur mes deuils[151] ».

Quand j'ai entrepris d'écrire cette histoire, dans le bricolage auquel s'adonnent les écrivains j'avais d'abord imaginé m'adresser directement à la petite danseuse, faire de ce texte une longue lettre à elle destinée. Je me suis essayée à la tutoyer comme s'il s'agissait de ma propre fille ou de quelqu'un de ma famille. Mais ça ne marchait pas. Il y avait quelque chose d'artificiel, de prétentieux et même de sacrilège dans une telle familiarité. À présent que je suis au bout de mon récit, la chose ne me semble plus impossible, comme si le texte et les archives avaient tissé un lien entre elle et moi et permettaient pour un instant ce pas de deux.

Je n'avais pas beaucoup de sympathie pour Degas en commençant cette étude. Mon ambition n'était pas, comme l'écrit Zola à propos de Manet, de restituer « dans sa réalité vivante, un homme avec tous ses membres, tous ses nerfs et tout son cœur, toutes ses rêveries et toute sa chair[152] », mais plutôt d'en avoir une sorte d'intuition qui me permette de m'approcher de lui, et donc de toi. Il était seul, intransigeant, sarcastique, tendre rarement. J'ai appris à le connaître et à l'aimer tel qu'il était ou tel que je l'éprouve, même si je lui en veux de t'avoir vraisemblablement laissée tomber. « Je voudrais être illustre et inconnu[153] », disait-il. C'était sans doute vrai pour toi aussi. En apparence, ce n'est pas le cas : il est illustre et tu es inconnue. En réalité, vous êtes tous deux ensemble pour l'éternité (oui, je sais, il n'aimait ni le mot ni l'idée), disons que vous êtes tous deux à la fois morts et éternels. Tu auras toujours quatorze ans, tu mesureras toujours un mètre comme une enfant de trois ans. Au moment où j'achève de raconter ton histoire, je repense à cette autre statuette où l'on reconnaît ton visage. Tu es coiffée d'un petit chapeau, tu portes une veste à col châle et une jupe longue, tu tiens des livres à la main, tu es très chic. *L'Écolière*, c'est le titre. Je t'imagine posant longuement pour Degas dans ces vêtements empruntés, serrant des livres que tu ne lirais jamais. Qu'est-ce que c'était, ces livres ? Dickens, Rousseau, Cervantès ? – les auteurs favoris de l'artiste, qu'il avait pris au hasard pour te les mettre dans la main ? Tu as l'air de marcher tranquillement dans la rue, d'aller vers ton école. Je vais te laisser sur cette image qui me fait du bien. À moins qu'une autre ne convienne mieux au bizarre chagrin que j'éprouve à te quitter. C'est une œuvre dont tu as pu être le modèle mais qu'on n'a jamais retrouvée, elle est seulement décrite dans une lettre de Jacques-Émile

Blanche, en juin 1882, après une visite à l'atelier de Degas. Il y a vu, dit-il, une nouvelle sculpture de lui, un projet funéraire peut-être lié au décès d'une de ses nièces : « Une petite fille à moitié couchée dans son cercueil mange des fruits ; à côté, un banc où la famille de l'enfant pourra venir pleurer (car c'est un tombeau)[154]. »

Je suis assise sur ce banc, Marie. C'est de là que je t'écris.

Notes

1. Thomas Schlesser et Bertrand Tillier, *Le Roman vrai de l'impressionnisme*, Paris, Beaux-Arts Éditions, 2010, p. 69.

2. Richard Kendall, « L'art peut-il tomber plus bas ? », *in Degas sculpteur*, ouvrage collectif, Paris, Gallimard, 2010, p. 64.

3. Jules Claretie, *Peintres et sculpteurs contemporains*, vol. 2, Paris, 1883, cité par Henri Loyrette, *Degas*, Paris, Fayard, 1990, p. 393.

4. Nina de Villard, « Exposition des artistes indépendants », *Le Courrier du soir*, 23 avril 1881, cité *in Degas sculpteur, op. cit.*, p. 45.

5. Joris-Karl Huysmans, *Écrits sur l'art. L'Art moderne*, « L'exposition des indépendants en 1881 », Paris, GF, 2008, p. 200.

6. *Ibid.*, p. 200 et 203.

7. *Ibid.*, p. 200.

8. Paul Mantz, « Exposition des œuvres des artistes indépendants », *Le Temps*, 23 avril 1881.

9. Edgar Degas, « Lettre à Louis Braquaval », cité *in Catalogue Degas*, musée d'Orsay, Paris, Éditions de la Réunion des musées nationaux, 1988, p. 344.

10. Daniel Halévy, *Degas parle*, Paris, Éditions Bernard de Fallois, 1995, p. 142.

11. Edgar Degas, *Je veux regarder par le trou de la serrure*, Paris, Mille et une nuits, 2012, p. 64.

12. Edgar Degas, *Lettres*, « À Albert Hecht », Paris, Grasset, coll. Les Cahiers Rouges, 2011, p. 64.

13. Selon Paul Valéry (*Degas Danse Dessin*), Degas tenait de son maître Ingres le conseil de toujours travailler « d'après le souvenir ».

14. Ambroise Vollard, *Degas*, Paris, Éd. Crès et Cie, 1924.

15. Jacques-Émile Blanche, *De David à Degas*, Paris, éd. Émile-Paul Frères, 1927, p. 306.

16. François Thiébault-Sisson, « Degas sculpteur raconté par lui-même, 1897 », *Le Temps*, n° 2553, 11 août 1931, et largement reproduit *in Degas sculpteur, op. cit.*, p. 85 à 87.

17. Ambroise Vollard, *Souvenir d'un marchand de tableaux, 1937, in Degas sculpteur, op. cit.*, p. 42.

18. Jules Claretie, « Le mouvement parisien. L'exposition des impressionnistes », *in L'Indépendance belge*, 15 avril 1877.

19. Théophile Gautier, « Le rat », *in Peau de tigre*, Paris, Michel Lévy Frères, 1866, en ligne sur www.litteratureaudio.com.

20. *Ibid.*

21. Ludovic Halévy, *Les Petites Cardinal*, Paris, Calmann-Lévy, édition augmentée 1880, cité par Martine Kahane *in Revue du musée d'Orsay*, n° 7, automne 1998, p. 55.

22. Martine Kahane, « Enquête sur la *Petite Danseuse de quatorze ans* de Degas », *Revue du musée d'Orsay*, n° 7, automne 1998, p. 57.

23. Honoré de Balzac, *Les Comédiens sans le savoir, in La Comédie humaine*, Paris, Gallimard, La Pléiade, tome VII, 1983, p. 1157-1158.

24. Théophile Gautier, *op. cit.*

25. *Ibid.*

26. Nestor Roqueplan, *Nouvelles à la main*, Paris, Lacombe, 1840.

27. Edgar Degas cité par Marie-Josée Parent, *La* Petite Danseuse de quatorze ans : *une analyse de la version subversive de l'œuvre*, Master d'histoire de l'art, Université de Montréal, 2009, p. 89.

28. Daniel Halévy, *op. cit.*, p. 45.

29. Honoré de Balzac, *op. cit.*, p. 1160.

30. Paul Valéry, *Degas Danse Dessin*, Paris, Gallimard, 1938, p. 30.

31. Honoré de Balzac, *op. cit.*, p. 1161.

32. *Ibid.*

33. Julien Gracq, *En lisant, en écrivant*, Paris, Corti, 2015, p. 78.

34. Alain Corbin, *Le Temps, le Désir et l'Horreur*, Paris, Aubier, 1991, p. 164.

35. Émile Zola, *Nana, in Les Rougon-Macquart*, Paris, Gallimard, La Pléiade, tome II, 1989, p. 1470.

36. Joris-Karl Huysmans, *op. cit.*, p. 252.

37. Edgar Degas, « Danseuse », *Sonnets*, cité *in Je veux regarder par le trou de la serrure, op. cit.*, p. 77.

38. Henri de Régnier, *Vestigia flammae*, « Médaillons de peintres », *in* Edgar Degas, *Je veux regarder par le trou de la serrure, op. cit.*

39. Paul Valéry, art. cité, p. 86.

40. *Ibid.*, p. 62.

41. Jacques-Émile Blanche, *op. cit.*, p. 298.

42. Charles Ephrussi cité par Henri Loyrette, *Degas, op. cit.*, p. 393.

43. Paul Mantz, art. cité.

44. Joris-Karl Huysmans, *op. cit.*, p. 199.

45. Daniel Halévy, *op. cit.*, p. 38.

46. *Ibid.*, p. 220.

47. C. Lombroso et G. Ferrero, *La Femme criminelle et la Prostituée*, Grenoble, Jérôme Millon, 1991, cité par M.-J. Parent, *op. cit.*, p. 88.

48. Paul Mantz, art. cité.

49. Douglas Druick, « La petite danseuse et les

criminels : Degas moraliste ? », *in Degas inédit : actes du colloque Degas au musée d'Orsay*, Paris, La Documentation française, avril 1988.

50. Richard O'Monroy, *Madame Manchaballe*, Paris, Lévy, 1892, cité par Martine Kahane, art. cité.

51. Jacques-Émile Blanche, *op. cit.*, p. 290.

52. Edgar Degas, *Carnets, in Je veux regarder par le trou de la serrure, op. cit.*, p. 43.

53. Paul Cézanne, Lettre à Émile Bernard, 23 octobre 1905.

54. Joris-Karl Huysmans, *op. cit.*, p. 200.

55. Victor Hugo, *Les Misérables*, Paris, Le Livre de Poche, 1974, p. 393.

56. George Moore, « The Painter of Modern Life », *Magazine of Art*, n° 12, 1890, cité *in Degas sculpteur, op. cit.*, p. 65.

57. Richard Kendall, « L'art peut-il tomber plus bas ? », *in Degas sculpteur, op. cit.*, p. 66.

58. Richard Kendall, *Degas and the Little Dancer*, New Haven & London, Yale University Press en association avec Joslyn A. Museum, 1998, p. 63.

59. Joris-Karl Huysmans, *op. cit.*, p. 200.

60. *Ibid.*, p. 126.

61. Werner Hofmann, *Degas*, Paris, Hazan, 2007, p. 187.

62. Nina de Villard, art. cité.

63. Paul Mantz, cité par Henri Loyrette, *Degas, op. cit.*, p. 403.

64. Jacques-Émile Blanche, *op. cit.*, p. 299.

65. Joris-Karl Huysmans, *op. cit.*, p. 252.

66. *Ibid.*, p. 255.

67. Paul Valéry, *op. cit.*, p. 53.

68. Pierre-Auguste Renoir, *L'Amour avec mon pinceau*, Paris, Mille et une nuits, 2009.

69. Henri Loyrette, *Degas, op. cit.*, p. 405.

70. Daniel Halévy, *op. cit.*, p. 226.

71. Émile Zola, *Lettres de Paris, Le salon de 1876*, en ligne sur cahiers-naturalistes.com.

72. René Huyghe, cité par Anne Pingeot, *in Degas. Sculptures*, Paris, Imprimerie nationale, p. 21.

73. Paul Mantz, art. cité.

74. Daniel Halévy, *op. cit.*, p. 258.

75. *Ibid.*, p. 262-263.

76. *Ibid.*, p. 263.

77. *Ibid.*, p. 244.

78. Émile Zola, *L'Événement*, 11 mai 1866, consultable en ligne sur cahiers-naturalistes.com.

79. Edgar Degas, « Lettre à Henri Rouart, 5 décembre 1872 », *in Lettres, op. cit.*, p. 27.

80. Cité par Anne Pingeot, *op. cit.*, p. 13.

81. Edgar Degas, *Je veux regarder par le trou de la serrure, op. cit.*, p. 81.

82. Paul Valéry, *op. cit.*, p. 13.

83. Edgar Degas, *Je veux regarder par le trou de la serrure, op. cit.*, p. 90.

84. Joris-Karl Huysmans, *op. cit.*, p. 245.

85. Edgar Degas, « Lettre à Évariste de Valernes, 26 octobre 1890 », citée *in Je veux regarder par le trou de la serrure, op. cit.*, p. 108.

86. *Catalogue Degas*, Paris, Ottawa, New York, Éditions des Musées nationaux, 1988, p. 369.

87. Le 13 février 1874.

88. Maurice Merleau-Ponty, *Le Visible et l'Invisible*, Paris, Gallimard, 1964.

89. François Thiébault-Sisson, art. cité.

90. *Ibid.*

91. *Ibid.*

92. *Ibid.*

93. Théophile Gautier, *op. cit.*

94. *Ibid.*

95. *Ibid.*

96. François Thiébault-Sisson, art. cité.

97. Jules Claretie, cité par Henri Loyrette, *Degas, op. cit.*, p. 393.

98. Edgar Degas, *Carnets*, « Carnet 14 », en ligne sur Gallica (BNF).

99. Edgar Degas, *Je veux regarder par le trou de la serrure, op. cit.*, p. 13.

100. Pierre-Auguste Renoir, *op. cit.*, p. 49.

101. Paul Gauguin, « Qui connaît Degas ? », *in* Edgar Degas, *Je veux regarder par le trou de la serrure, op. cit.*, p. 12.

102. Edgar Degas, « Lettre à Henri Rouart, non datée », *Lettres, op. cit.*, p. 100.

103. Edgar Degas, *Je veux regarder par le trou de la serrure, op. cit.*, p. 117, note 41.

104. Jacques-Émile Blanche, *op. cit.*, p. 287.

105. 16 mai 1823.

106. Alice Michel, *Degas et son modèle*, L'Échoppe, 2012, p. 38.

107. Pierre-Auguste Renoir, *op. cit.*, p. 49.

108. Ambroise Vollard, *op. cit.*, p. 20.

109. Cité par Henri Loyrette, *Degas – « Je voudrais être illustre et inconnu »*, Paris, Découvertes Gallimard, 1988.

110. Madeleine Zillhardt, citée *in Je veux regarder par le trou de la serrure, op. cit.*, p. 131.

111. Edgar Degas, « À Henri Rouart, 5 décembre 1872 », *Lettres, op. cit.*, p. 26.

112. Edgar Degas, *Lettres, op. cit.*, p. 70.

113. Alice Michel, *op. cit.*, p. 73.

114. Rainer et Rose-Marie Hagen, *Les Dessous des chefs-d'œuvre*, Taschen, 2016, p. 427.

115. Vincent Van Gogh, « Lettre n° 655, à Émile Bernard, 5 août 1888 », *Vincent Van Gogh, les lettres*, édition critique illustrée, Arles, Actes Sud, 2009. Également consultable en ligne sur vangoghletters.org

116. Jacques-Émile Blanche, *op. cit.*, p. 293.

117. Pierre-Auguste Renoir, *op. cit.*, p. 51.

118. *Ibid.*, p. 50.

119. Edgar Degas, *Je veux regarder par le trou de la serrure,* *op. cit.*, p. 12.

120. Paul Lafont, *Degas,* 1918, cité par Anne Pingeot, *op. cit.*, p. 16.

121. Edgar Degas, *Je veux regarder par le trou de la serrure,* *op. cit.*, p. 133.

122. Daniel Halévy, *op. cit.*, p. 19.

123. *Ibid.*, p. 227.

124. Paul Valéry, *op. cit.*, p. 101.

125. Daniel Halévy, *op. cit.*, p. 39.

126. Philippe Gutton, *Balthus et les jeunes filles,* Paris, EDK, 2014, p. 177.

127. Cité *in Ex-Libris – overblog* (en ligne) : « Balthus et Jouve : Alice dans le miroir ».

128. Marilyn Monroe, *Fragments,* Paris, Seuil, 2010, p. 104.

129. *Ibid.*, p. 99.

130. Daniel Halévy, *op. cit.*, p. 192-193.

131. Julien Gracq, *La Presqu'île,* Paris, Corti, 1970, p. 230.

132. Marilyn Monroe, *op. cit.*, p, 57.

133. Paul Valéry, *op. cit.*, p. 159.

134. Julien Gracq, *op. cit.*, p. 74.

135. Edgar Degas, *Lettres, op. cit.*, p. 21.

136. René Huyghe, *op. cit.*, p. 19.

137. Roland Barthes, *Fragments d'un discours amoureux,* Paris, Seuil, 1977, p. 115.

138. Paul Valéry, *op. cit.*, p. 31.

139. Joris-Karl Huysmans, *op. cit.*, p. 200.

140. Roland Barthes, *La Chambre claire,* Paris, Cahiers du cinéma Gallimard / Seuil, 2003, p. 123.

141. Annie Ernaux, entretien avec Raphaëlle Rérolle, *Le Monde,* 3 février 2011.

142. Patrick Modiano, *Dora Bruder,* Paris, Gallimard, Folio, 1999, p. 144.

143. *Ibid.*, p. 145.

144. Martine Kahane, *op. cit.*, p. 50.

145. Edgar Degas, *Lettres, op. cit.*, p. 75.

146. *Ibid.*, p. 48.

147. *Ibid.*, p. 141.

148. Pierre Michon, entretien avec Thierry Bayle, *Lire*, 1997.

149. Henri Loyrette, *Degas, op. cit.*, p. 672-673.

150. Edgar Degas, *Lettres, op. cit.*, p. 29.

151. Pierre Michon, entretien avec Thierry Bayle, art. cité.

152. Émile Zola, *Éd. Manet*, La Rochelle, Rumeurs des âges, 2011, p. 9.

153. Cité par Henri Loyrette (titre de l'un de ses ouvrages).

154. Anne Pingeot, *op. cit.*, p. 188.

Éléments de bibliographie

Catalogues d'exposition

Crime & châtiment, sous la direction de Jean Clair (musée d'Orsay, 16 mars-27 juin 2010), Paris, Gallimard, 2010

De Delacroix à Marquet – Donation Senn Foulds II, dessins, coédition Muma Le Havre et Somogy éditions d'art, 2011

Degas (Grand Palais, 9 février-16 mai 1988), Paris, Éditions de la Réunion des Musées nationaux, 1988

Degas and the Little Dancer (Joslyn Art Museum, Omaha, Nebraska, 7 février-3 mai 1998), dir. Richard Kendall, New Haven and London, Yale University Press, assoc. Joslyn Art Museum, Omaha, 1998

Degas – A Strange New Beauty (Museum of Modern Art, New York, 26 mars-24 juillet 2016), New York, MoMa, 2016

Degas sculpteur (musée de Roubaix, octobre 2010-janvier 2011), Paris, Gallimard, 2010

Splendeurs et misères – Images de la prostitution 1850-1910 (musée d'Orsay, 22 septembre 2015-17 janvier 2016), Paris, Flammarion, 2015

Ouvrages de référence et travaux de recherche

Degas inédit, Actes du colloque Degas, musée d'Orsay, 18-21 avril 1988, Paris, La Documentation française,

171

1989 (communications de Douglas Druick et Henri Loyrette, notamment)

Kahane Martine, « Enquête sur la *Petite Danseuse de quatorze ans* de Degas », *Revue du musée d'Orsay*, n° 7, automne 1998

Loyrette Henri, *Degas*, Paris, Fayard, 1990

Loyrette Henri, *Degas – « Je voudrais être illustre et inconnu »*, Paris, Découvertes Gallimard, 1988

Parent Marie-Josée, *La Petite Danseuse de quatorze ans : une analyse de la version subversive de l'œuvre*, Master d'histoire de l'art, Université de Montréal, 2009

Pingeot Anne, Horvat Franck, *Degas. Sculptures*, Paris, Imprimerie nationale, 1991 (cet ouvrage contient notamment l'inventaire complet des sculptures de Degas)

Ouvrages, correspondance et propos d'Edgar Degas

Carnets (en ligne sur Gallica)

Les Carnets de Degas, choisis et présentés par Pascal Bonafoux, Paris, le Seuil-BNF, 2013

Lettres, choix et notes de Marcel Guérin, préface de Daniel Halévy, Paris, Grasset, Les Cahiers Rouges, 2011

Je veux regarder par le trou de la serrure, propos choisis, Paris, Mille et une nuits, 2012

Ouvrages consacrés entièrement ou en partie à Edgar Degas

Blanche Jacques-Émile, *Propos de peintre – De David à Degas*, Paris, Éditions Émile-Paul Frères, 1927

Halévy Daniel, *Degas parle*, Paris, Éditions de Fallois, 1995

Hofmann Werner, *Degas*, Paris, Hagan, 2007

Huysmans Joris-Karl, *Écrits sur l'art* (L'Art moderne-Certains-Trois Primitifs), Paris, GF, 2008

Kendall Richard & De Vonyar Jill, *Degas et la danse*, Paris, Éditions La Martinière, 2004

Terrasse Antoine, *Tout Degas*, Paris, Flammarion, 1982, 2 vol.

Valéry Paul, *Degas Danse Dessin*, Paris, Gallimard, 1938

Ouvrages divers

Chevalier Louis, *Classes laborieuses et classes dangereuses*, Paris, Plon, 1988

Corbin Alain, *Le Temps, le Désir et l'Horreur – Essais sur le XIXᵉ siècle*, Paris, Aubier, 1991

Dottin-Orsini Mireille, *Cette femme qu'ils disent fatale*, Paris, Grasset, 1993

Guest Ivor Forbes, *The Ballet of the Second Empire*, London, A. and C. Black, 1955 (en ligne)

Houbre Gabrielle, *Le Corps des jeunes filles de l'Antiquité à nos jours*, Bibliothèque numérique Perrin

Maingueneau Dominique, *Féminin fatal*, Paris, Descartes & Cie, 1999

Œuvres littéraires

Modiano Patrick, *Dora Bruder*, Paris, Gallimard, Folio, 1999

Zola Émile, *Nana, in Les Rougon-Macquart*, Paris, Gallimard, La Pléiade, tome II, 1989

Zola Émile, *L'Œuvre*, Paris, Gallimard, Folio

Zola Émile, *Éd. Manet*, La Rochelle, Rumeurs des âges, 2011

Articles

Coons Lorraine, « Artiste ou coquette ? Les petits rats de l'Opéra au XIXᵉ siècle », *French Cultural Studies*, vol. 25

Flouquet Sophie, « Degas en volume », *Journal des Arts*, 7 janvier 2011

Keyes Norman, « Degas and the Art of the Dance », *USA Today Magazine*

DVD

La Petite Danseuse de Degas, idée originale de Patrice Bart et Martine Kahane, musique originale de Denis Levaillant, chorégraphie et mise en scène de Patrice Bart, avec le Ballet et l'Orchestre de l'Opéra national de Paris, dirigé par Koen Kessels, à l'Opéra Garnier, réalisation Vincent Bataillon. © Opéra national de Paris – Telmondis – Bel Air Media – 2010.

Remerciements

Toute ma reconnaissance va à Martine Kahane et à Henri Loyrette, éminents connaisseurs de l'œuvre de Degas, pour l'attention bienveillante qu'ils m'ont témoignée lors de nos entrevues et les précieuses informations qu'ils m'ont apportées sur la Petite Danseuse.

Je remercie vivement Claude Perez et Jean-Raymond Fanlo, professeurs à l'Université d'Aix-Marseille, Philippe Forest, professeur à l'Université de Nantes et écrivain, pour les conseils qu'ils m'ont prodigués dans le cadre de mon doctorat « Pratique et théorie de la création artistique et littéraire », dont le présent ouvrage constitue l'un des volets.

Enfin, mille mercis à mon éditrice, Alice d'Andigné, pour sa présence attentive, son enthousiasme et son érudition.

DU MÊME AUTEUR

Aux Éditions Gallimard

INDEX, 1991 (Folio n° 3741). Édition augmentée en 2014.

ROMANCE, 1992 (Folio n° 3537).

LES TRAVAUX D'HERCULE, 1994 (Folio n° 3390).

L'AVENIR, 1998 (Folio n° 3445).

QUELQUES-UNS, 1999.

DANS CES BRAS-LÀ, 2000. Prix Femina et prix Renaudot des lycéens 2000 (Folio n° 3740).

L'AMOUR, ROMAN, 2003 (Folio n° 4075).

LE GRAIN DES MOTS, 2003.

NI TOI NI MOI, 2006 (Folio n° 4684).

TISSÉ PAR MILLE, 2008.

ROMANCE NERVEUSE, 2010 (Folio n° 5308).

ENCORE ET JAMAIS, 2013.

CELLE QUE VOUS CROYEZ, 2016 (Folio n° 6314).

Dans la collection Folio Essais

AMOUR TOUJOURS ? Ouvrage collectif, n° 583, 2013.

Aux Éditions Stock

PHILIPPE, 1995 (Folio n° 4713).

LA PETITE DANSEUSE DE QUATORZE ANS, 2017 (Folio n° 6570).

Aux Éditions Léo Scheer

CET ABSENT-LÀ. Figures de Rémi Vinet, 2004 (Folio n° 4376).

Chez d'autres éditeurs

LES CINQ DOIGTS DE LA MAIN. Ouvrage collectif, *Actes Sud*, coll. Heyoka Jeunesse, 2006.

LES FIANCÉES DU DIABLE. Enquête sur les femmes terrifiantes, *Éditions du Toucan*, 2011.

EURYDICE OU L'HOMME DE DOS *in* GUERRES ET PAIX. Huit pièces courtes. Recueil collectif, *L'Avant-scène théâtre/Quatre-vents*, 2012.

L'UNE & L'AUTRE. Ouvrage collectif, *Éditions de l'Iconoclaste*, 2015.

SUR LE DIVAN. Ouvrage collectif, *Éditions Stilus*, 2017.

LE COURAGE. Six pièces courtes. Ouvrage collectif, *L'Avant-scène théâtre/Quatre-vents*, 2017.

Composition : IGS-CP à L'Isle-d'Espagnac (16)
Achevé d'imprimer par Novoprint, à Barcelone
le 19 août 2019
Dépôt légal : août 2019
1er dépôt légal dans la collection : décembre 2018

ISBN : 978-2-07-278290-9/Imprimé en Espagne

362169